중국어문학의 이해

송영정·제해성 공저

신아사

머리말

『중국어문학의 이해』는 중국어문학을 학습하고 전공하려는 국내 중국어문학 관련전공의 학부 1, 2학년생을 주요대상으로 편찬하였다. 평소 중국어문학 전공에 흥미를 갖고 대학 관련학과에 입학하였으나, 관련전공의 기초지식을 체계적으로 학습할 기회가 없었던 학생들이 바로 그 주요대상이다. 그들이 이 책의 학습을 통하여 중국어문학과 관련된 이론지식을 두루 이해하고 향후 관련 세부전공에서 다양한 이론지식을 제대로 활용할 수 있게 된다면 이 책을 만든 보람을 조금이나마 느낄 것이다.

이 책의 내용 중에서 「제1부 중국어학의 이해」와 「부록」 부분은 제해성이 책임 집필하였고, 「제2부 중국문학의 이해」 부분은 송영정이 책임 집필하였다. 집필하는 과정에서 국내외에 출판된 중국어문학 관련 각종 개설서를 부분적으로 참고하였다. 이 책은 전문적인 학술연구 서적이 아니어서 집필에 직접적으로 참고한 내용의 출처를 일일이 주석을 달아 밝히지 않고, 「제1부 중국어학의 이해」 와 「제2부 중국문학의 이해」 마지막 부분에 각각 참고한 문헌을 제시하였다. 이 책을 집필하며 참고한 국내외 관련문헌의 저자와 편저자 및 역자들에게 양해를 구하며, 아울러 이분들에게 존경과 감사의 뜻을 표한다.

촉박한 시간에도 불구하고 이 책을 제때 교재로 쓸 수 있게 주선해주신 신아사의 한규갑 상무님, 출판을 기꺼이 허락해주신 정현걸 사장님께 진심으로 감사드린다.

2015년 6월
편저자

목 차

제3장 위진남북조(魏晋南北朝) 문학

제4장 당대(唐代) 문학

제5장 송대(宋代) 문학

일러두기

1. 이 책의 독자가 주로 중국어문학을 학습하려는 중국어문학 관련전공의 학부생들인 점을 충분히 고려하여 전공학술용어는 괄호 속에 해당 한자나 중국어어휘를 병기하였다.

2. 서명과 편명 또는 작품명은 번역하지 않고 한자나 중국어 그대로 표기하였으며, 편저자의 평소 지론에 따라서 중국어인명과 지명 등 각종 고유명사는 모두 중국어발음이 아닌 우리한자음으로 표기하였다.

3. 이 책에 쓰인 한자와 중국어는 모두 정자(正字/繁體字)로 적었다.

4. 중국어 예문의 문장부호는 '중국어 문장부호'의 용례 원칙에 따랐다.

5. 이 책에 쓰인 주요 문장부호는 다음 원칙에 따랐다.

" "	:	직접인용 및 중국어 어구 강조
' '	:	간접인용 및 한국어 어구 강조
『 』	:	서명, 학술지명, 신문잡지명 표기
「 」	:	책의 편명, 작품명, 논문제목 표기
( )	:	한자와 중국어 표기, 생략 및 보충설명
→	:	예문, 예시한 내용의 분석 및 보충설명
/	:	의미가 같거나 대등한 단어, 어구 열거
–	:	동의어, 간체자–번체자 대조, 부제 표기
:	:	절 제목 뒤의 내용요약, 문학용어 보충설명

6. 이 책에서 사용한 중국어 문법용어의 우리말 번역용어는 가급적 「중국어 문법용어 통일시안」(한국중국언어연구회, 1991년 6월)에 따랐다.

제1부
중국어학의 이해

제1장
중국어의 특성

1. 현대중국어의 주요 특성

중국어는 갑골문(甲骨文)부터 시작하여 이미 3천여 년의 유구한 역사를 갖고 있다. 오랜 기간 동안 중국어는 줄곧 한족(漢族)의 언어인 동시에 중국민족의 공통어(共通語)로 존재해왔다. 전 세계에서 거의 14억에 이르는 인구가 현재 중국어를 사용하고 있으며, 중국어는 국제사회에서 갈수록 큰 영향력을 행사하고 있다. 특히 인근 국가인 한국, 일본, 베트남 등지에 상당한 영향을 미치고 있다. 지금 한국, 일본 ,베트남 등지에서 사용되고 있는 어휘 중 상당수가 과거 중국에서 들어온 한자어(漢字語)이다. 이들 국가는 본국의 문자가 만들어지기 전까지는 모두 상당히 오랜 기간 한자(漢字)를 사용했었다. 한자문화권(漢字文化圈)은 바로 이러한 역사적 문화적 배경에서 형성된 것이다.

유구한 역사를 갖고 있는 중국어는 시대별로 고대중국어, 근대중국어, 현대중국어 세 단계로 구분할 수 있다. 이 중에서 특히 현대중국어는 근대중국어를 기초로 형성되었으며, 5·4운동이 일어났던 1919년부터 지금까지 중국민족의 공통어로 사용되고 있다. 여기에서 말하는 중국어는 구어와 문장어를 포함한 언어를 지칭한다. 음성부호인 언어(言語)는 직접적인 사상 감정의 표현도구인 반면에, 형상부호인 문자(文字)는 간접적인 사상 감정의 표현도구이다. 따라서 언어와 문자는 서로 주종(主從) 관계에 있기 때문에, 언어라는 용어가 문자를 포괄하기도 한다. 이러한 언어에는 구어(口語)와 문장어(文章語)/서면어(書面語)의 두 가지 서로 다른 형식이 있다. 구어가 사람들이 일상적으로 말을 할 때 사용하는 언어인 반면에, 문장어는 사람들이 글을 쓸 때 사용하는 언어이다.

중국어의 경우는 세계 다른 어떠한 언어보다 구어와 문장어의 관계가 특수하다고 할 수 있다. 이는 중국문자인 한자의 특성과 그 구사 및 해독력을 정치권력과 밀접하게 결부시킨 전통사회에서 주로 기인한 중국어의 발전역사와 깊은 관련이 있다. 중국의 문장어는 5·4운동 이전까지는 문언문(文言文) 위주였다. 문언문은 중국 고전문학에서 사용한 언어로, 처음에는 구어의 기초 위에서 만들어진 것이지만, 후대로 갈수록 서면어로서 자리를 잡기 시작하면서 구어와 거리가 멀어졌다. 이 때문에 일반 대중들은 제대로 구사할 수가 없는 소수 식자층의 전유물이 되고 말았다. 5·4운동 때 문언문이 주요 타도 대상이 되면서 제창된 것이 바로 백화문(白話文)이다. 백화는 당송(唐宋) 시기 이래 구어의 기초 위에서 형성되어 13세기에 이르러서는 상당히 발전하게 된다. 당시의 백화문으로 쓰인 통속문학작품(通俗文學作品)인 『수호전(水滸傳)』, 『서유기(西遊記)』, 『유림외사(儒林外史)』, 『홍루몽(紅樓

夢)』 등이 민간에서 널리 읽히면서 일반 대중들 사이에서 백화문에 대한 필요성이 확산되었다. 백화문은 기본적으로 '북방화(北方話)'를 기초로 하여 각 시대의 구어와 가깝기 때문에 당시 및 후대의 일반 대중들에게 쉽게 받아들여지고 쓰였다. 문장어는 구어를 원천으로 하여 끊임없이 구어의 새로운 성분을 받아들여야 하지만, 다른 한편으로는 구어에 영향을 끼쳐 구어의 규범화를 촉진시키기도 한다.

중국어는 알타이어족(Altai Family)에 속하는 우리말이나 인구어족(印歐語族/Indo-European Family)에 속하는 영어와 어족을 달리하는 언어로, 음성(音聲)과 어휘(語彙) 및 문법(文法) 등에서 매우 두드러진 특성을 지니고 있다. 중국어는 우리말의 교착성(膠着性)과 영어와 같은 굴절성(屈折性)이 없고, 단어들이 문장에서 다른 단어와의 연관관계 때문에 단어 자체에 변화를 일으키는 일이 없는 성질을 지닌다. 즉, 접두어(接頭語)나 접미어(接尾語)가 적고, 성(性)·수(數)·격(格) 따위가 문장에서 호응관계를 일으켜 변화되지 않고 고립적으로 사용된다. 단음절어(單音節語)와 고립어(孤立語)를 근간으로 하는 현대중국어의 특성을 좀 더 자세히 살펴보면 다음 세 가지 방면으로 요약할 수 있다.

(1) 현대중국어 음성의 주요 특성

① 현대중국어의 음절(音節)에는 두세 개의 자음(子音)이 연이어져 있는 경우가 거의 없으므로 음절의 구조가 정연하고 음절의 경계가 분명하다.

② 현대중국어의 음절에는 자음은 없어도 되지만 모음(母音)은 반

드시 있어야한다. 음절은 하나의 모음으로 구성될 수 있으며, 두세 개의 모음으로도 구성될 수 있고 연이어 쓸 수 있다. 자음보다 모음이 우세하고 복모음(複母音)으로 된 음절이 많은 편이다.

③ 현대중국어의 음절에는 끝소리가 모음인 음절이 많고, 자음은 '–n', '–ng'를 제외하면 모두 음절 첫머리에 나타난다.

④ 현대중국어의 모든 음절에는 성조(聲調)가 있다. 중국어 음운의 두드러진 특징인 성조는 음성의 강약과 관계없이 그 고저장단(高低長短)에 의해 구별되는 것이다. 현대중국어 표준어에는 제1성, 제2성, 제3성, 제4성의 '네 가지 성조(四聲)'와 경성(輕聲)이 있는데, 성조가 다르면 의미도 달라진다.

(2) 현대중국어 어휘의 주요 특성

① 현대중국어의 어휘(語彙)는 이음절어(二音節語/雙音節詞)가 대다수를 차지한다. 현대중국어는 고대중국어, 근대중국어를 거쳐 지금까지 발전해오면서 상당히 풍부한 어휘를 보유하고 있다. 일부 단음절어(單音節語/單音節詞)를 제외하면 대부분이 다음절어(多音節語/多音節詞)이고, 다음절어 중에서도 대다수가 이음절어이다. 현재 사용빈도가 높은 9,000개의 중국어 단어 중 다음절어는 6,600개로 약 73%를 차지하고 있고, 다음절어 중에서 이음절어는 6,285개로 약 95%를 차지하고 있다.

② 현대중국어는 어휘가 상당히 풍부하고, 단어 구성방식이 다

양하다. 현대중국어의 단어구조는 이음절화(二音節化/雙音節化)하는 경향을 강하게 드러낸다. 이런 경향은 고대중국어의 단음절어가 이음절어로 대체되거나(예 : 月→月亮, 目→眼睛, 石→石頭), 뜻이 같거나 유사한 글자가 결합하여 이음절어의 구성 성분으로 변하며(예 : 學+習→學習, 道+路→道路), 다음절어가 이음절어로 축약되거나(예 : 科學技術→科技, 教學研究→教研), 다음절 외래어(外來語)가 이음절어로 대체되는(예 : 德謨克拉西→民主) 현상 등에서 잘 나타난다. 또 조어법(造語法)에 있어 주로 어근(語根)의 다양한 합성(合成)이나 부가(附加) 방법, 어근에 접사(接詞)를 붙이는 방법, 어근을 중첩(重疊)시키는 방법, 경성화(輕聲化)하는 방법, 권설음화(捲舌音化/兒化)하는 방법 등 각종 방식으로 새로운 단어를 만들어낸다.

③ 현대중국어는 어휘의 출처가 풍부하고 다양하다. 현대중국어에는 각 시대별로 전해져 내려오는 대량의 문장어(文章語) 어휘뿐 아니라 새로운 의미를 지닌 외래어(外來詞)와 신조어(新造詞/新詞語) 및 유행어(流行語), 또 생동감 있고 표현력이 뛰어난 방언(方言) 어휘들이 끊임없이 흡수되어 어휘를 풍부하게 하고 있다.

(3) 현대중국어 문법의 주요 특성

① 현대중국어는 영어와 같이 주어(主語)나 시제(時制)에 따른 동사(動詞)의 형태변화가 거의 없이 어순(語順)이나 허사(虛詞)에

따라 문법적인 관계가 결정된다. 현대중국어는 형태변화가 엄격하게 구분되지 않기 때문에 어순이 중요한 기능을 한다. 현대중국어의 구에는 '주어+술어'구조로 된 것은 있어도 '술어+주어'구조로 된 것은 없으며, '수식어+중심어'구조로 된 것은 있어도 '중심어+수식어'구조로 된 것은 없다.

② 현대중국어에서는 동사의 형태를 변화시키지 않고 기능어(function word)인 허사로 문법적 의미를 나타낸다. 예를 들면, 전치사(介詞) '把'는 목적어를 앞으로 끌어내어 동작의 처치(處置) 의미를 나타내며, 전치사 '被'는 피동(被動)의 의미를 나타내고, 동태조사(動態助詞) '着', '了', '過'는 각각 지속, 완료, 경험을 나타낸다.

③ 현대중국어에서는 한 가지 품사의 단어가 여러 개의 서로 다른 문장성분으로 쓰일 수 있다. 동사나 형용사가 문장에서 술어(述語/謂語)로 쓰이는 경우 외에도 주어(主語)나 목적어(賓語)로 쓰일 수 있고, 때로는 관형어(定語)로 쓰여 명사를 직접 수식할 수 있다.

④ 현대중국어는 양사(量詞)가 매우 발달되어 수사(數詞)와 명사(名詞)가 결합할 때 그 사이(예 : 一本書, 兩張紙, 三件衣服, 四把椅子 등) 또는 동작의 수량을 헤아리기 위하여 수사 뒤(예 : 看一次, 去兩回, 說三遍, 跑四趟 등)에 일반적으로 양사를 쓴다.

⑤ 현대중국어에서는 다양한 어기사(語氣詞)를 써서 미세하게 차별되는 어기를 표현한다. 예를 들어 '他來了。', '他來嗎?', '他來吧?', '他來呢?'는 각각 서로 다른 어기를 나타낸다.

2. 현대중국어의 표준어

중국의 언어는 중국에서 문자의 기록이 있은 이후부터 지금까지 3,000여 년이 넘는 유구한 역사를 지니고 있다. 게다가 지금의 중국은 광대한 지역과 56개 민족을 가진 다민족 국가이므로, 거기에는 다섯 개 어족(語族/Language Family)의 무수한 언어들이 존재하고 있다. 현재 중국 경내에서 사용되는 수많은 언어 중에서 중국 인구의 약 93%를 차지하는 한족(漢族)의 민족 공통어(共通語)인 한어(漢語)가 절대 다수의 중국인이 사용하는 주요 언어이다. 이 때문에 현재 '한어'가 중국 '국가공용어(國語)'인 중국어의 표준어로 채택되어 있다. 우리가 통상 말하는 '중국어(中國語/Chinese)'는 바로 이 '한어'이며, 일부 지역의 중국인들은 그것을 '화어(華語)'라 부르기도 하는데, 영어, 프랑스어, 러시아어, 스페인어, 아랍어와 함께 UN에서 사용하는 6대 공용어(公用語)의 하나인 동시에 세계에서 사용 인구가 가장 많은 언어이다.

중국어의 역사적 변천과정 속에서, 표준중국어로서의 현대중국어는 일반적으로 1919년 5·4운동 이후 시도된 '국어운동(國語運動)'과 '백화문운동(白話文運動)'의 결과로 확립된 중국의 공통어이다. 중화민국(中華民國) 시기에 '국어(國語)'로 불린 표준중국어의 규범화 작업은 1949년 10월 중화인민공화국(中華人民共和國)이 건국된 이후 국가 통합을 위한 어문정책(語文政策)의 일환으로 더욱 가속화되었다. 중국 정부는 1955년, 13세기 이후부터 줄곧 중국의 정치·경제·사회·문화의 중심지였던 수도 북경(北京)을 중심으로 ① 북경어의 발음(北京語音)을 표준음으로 삼고, ② 북방방언(北方方言/北方官話)의 어휘를 기초 어휘로 하며, ③ 모범적인 현대백화문(現代白話文)으로 쓴 저작을 문법적 규범으로 하는 세 가지 원칙에 따라 법정 표준어인 '보통화(普通話)'를 제정하고 전국에 걸쳐 대대적인 보급에 주력하였다. 그 결과로 이 보통화가 중국의 표준어로서의 지위를 확고히 하고 오늘에까지 계승 발전되고 있다.

이 보통화는 그 성질상 원(元)·명(明) 이후 비교적 광범위한 지역에 걸쳐 널리 사용된 북경어를 중심으로 하는 관화(官話)에 그 뿌리를 두고 있다. 관화란 '관리들이 사용하는 말'이란 뜻으로, 명말(明末)·청초(淸初)의 선교사들에 의해 포르투갈어의 '관리'를 지칭하는 'mandarin'으로 불리기도 했다. 따라서 이 말이 영어로 채택되어 영어권에서는 아직까지도 표준중국어를 'Chinese'라는 명칭보다 주로 'Mandarin'이라는 명칭으로 부른다. 대만(臺灣)에서는 지금도 중화민국 시기의 용어를 그대로 이어받아 국가공용어를 뜻하는 '국어(國語)'를 표준중국어를 지칭하는 용어로 사용하고 있다.

3. 현대중국어의 방언

표준어가 한 국가의 전체 구성원들에 의해 통용되는 공통 언어라면, 방언(方言)은 특정 지역의 사람들이 사용하는 언어이다. 중국은 56개 민족으로 구성된 다민족 국가이고 유구한 역사와 광활한 국토를 가지고 있으므로, 다양한 계통의 언어와 무수한 방언이 사용되고 있다. 이러한 방언 간에는 음성, 어휘, 문법에 있어서 분명한 차이를 보이지만, 대부분은 음성상의 차이일 뿐 기본어휘나 문법구조는 거의 같기 때문에 이들을 표준어인 보통화와 대립되는 독립된 언어로 간주하지 않는다. 중국에는 5개의 어족과 그 하위에 다양한 언어가 존재하고 있는데, 한어(漢語)는 '중국-티베트어족(漢藏語族/Sino-Tibetan Family)'에서 독립되어 나온 언어군(言語群/branch)에 속한다. 절대다수의 중국인이 사용하는 '한어 방언'에 대한 개괄적인 이해를 하게 되면 현대중국어의 방언을 어느 정도 파악할 수 있다.

각 방언의 특징, 방언 형성과 발전의 역사, 현재의 방언 조사 연구의 결과에 따르면, 현대중국어는 대체로 7대 방언구역(方言群)으로 구분하며 그 명칭과 별칭 및 대표방언, 사용하는 인구비율과 분포지역은 다음과 같다.

명칭	별칭	대표	인구비율	분포지역 및 하위분류
북방방언 (北方方言)	北方話 官話	北京話	약 8억 (70%)	華北, 華中, 西北, 西南 지역 華北官話, 西北官話, 西南官話, 江淮官話
오방언 (吳方言)	江浙話	上海話	약 1억 (8.4%)	浙江省 대부분 江蘇省 鎭江 동쪽의 長江 연안 지역
상방언 (湘方言)	湖南話	長沙話	6,000만 (5%)	湖南省 대부분 廣西省 북부 지역
감방언 (贛方言)	江西話	南昌話	2,500만 (2.4%)	江西省 대부분 湖北省 동남부 지역
객가방언 (客家方言)	客家話	廣東省 梅縣話	5,000만 (4%)	廣東, 廣西, 福建, 江西, 臺灣省 지역 湖南省, 四川省의 일부 소수 지역
민방언 (閩方言)	福佬話	福州話	5,000만 (4.2%)	福建, 廣東省 동부, 海南, 臺灣省 지역 閩南, 閩東, 閩北, 閩中, 莆仙方言
월방언 (粵方言)	廣東話	廣州話	6,000만 (5%)	廣東省, 廣西省 일부 香港, 澳門 行政特別區

이 중에서 객가방언(客家方言), 민방언(閩方言), 월방언(粵方言)은 화교(華僑)를 따라 세계 각 지역으로 널리 전파되었다. 또 이들 방언과 보통화와의 차이를 비교해보면 민방언, 월방언이 가장 차이가 크고, 상방언(湘方言)이 그 다음이며, 감방언(贛方言), 객가방언(客家方言), 오방언(吳方言), 북방방언(北方方言)이 보통화와의 차이가 비교적 크지 않다. 현대중국어 방언 간의 차이는 주로 음성, 어휘, 문법 등 여러 방면으로 나타난다. 그 중에서도 음성에서의 차이가 가장 뚜렷하고, 그 다음은 어휘이며, 가장 차이가 적게 나는 것이 문법이다.

중국에서 방언의 사용 인구는 9억 이상에 달하지만, 오늘날 정치, 경제, 사회, 문화, 과학기술 등의 급속한 발전에 따라 표준중국어인 보통화의 교육과 보급은 급속도로 확대되고 있으며, 이로 인해 방언의 영향력은 상대적으로 점차 축소되고 있다.

제2장
중국어의 음성

1. 중국어의 발음표기

(1) 음성의 기본개념

사람의 발음기관을 통해 일정한 의미를 전달하는 소리를 음성(音聲)이라고 한다. 음성과 그 음성이 전달하는 의미는 긴밀하게 연관되어 있다. 사람의 입을 통해 나온 음성은 공기를 통하여 다시 다른 사람의 귀로 들어가게 된다. 화자(話者)는 전달하고자 하는 정보를 그 의미를 담고 있는 어휘를 빌어 발음기관(發音器官)을 통해 그 어휘에 해당하는 소리를 냄으로써 상대방에게 전달한다. 청자(聽者)는 이렇게 정보가 담겨있는 소리를 들어야만 화자가 말하고자 하는 내용을 이해할 수 있고, 이로써 상호간의 의사소통(意思疏通)이 이루어지게 된다. 음성은 인간의 의사소통과 사고활동에서 꼭 필요한 존재이며, 언어정보를 전달하는 중요한 역할을 담당하기 때문에 음성이 없는 언어는 사실상 존재하기 어렵다고 말할 수 있다.

음성과 관련한 몇 가지 용어의 기본개념을 설명하면 다음과 같다.

① 음고(音高) : 음고는 소리의 고저(高低)로 주파수에 의해 결정된다. 중국어 음성에서는 음고에 따라 성조(聲調)가 달라져 의미가 구별된다.

② 음강(音强) : 음강은 소리의 강약으로 발음체 진폭(震幅)의 크기와 관련이 있다. 소리의 강약과 진폭의 크기는 정비례하여 진폭이 크면 음이 강해지고, 진폭이 작으면 음이 약해진다.

③ 음장(音長) : 음장은 소리의 길이를 나타내며, 발음체의 진동지속시간으로 정해진다. 진동지속시간이 길면 소리는 길어지고, 짧으면 소리도 짧아진다. 어떤 언어에서는 소리의 길이가 달라지면 뜻도 달라진다.

④ 음색(音色) : 음색은 소리의 특색을 말하며, 소리와 소리를 구별짓는 특징을 갖는다. 음색은 음질(音質)이라고도 하는데, 음파(音波)가 진동하는 형식에 의해서 결정된다.

⑤ 호흡기관(呼吸器官) : 사람의 호흡기관은 폐(肺), 기관(氣管), 기관지(氣管支)로 이루어져 있다. 말할 때 대부분의 소리는 날숨을 이용하여 발음하지만, 중국어의 일부 방언이나 베트남어, 인디언어에서는 들숨을 이용해서 소리(縮氣音)를 내기도 한다.

⑥ 발성기관(發聲器官) : 사람의 발성기관에는 후두(喉頭)와 성대(聲帶)가 있다. 호흡하거나 시끄러운 소리(騷音/噪音)를 낼 때, 성대는 느슨해지고 성문(聲門)이 열리며 기류(氣流)는 자유자재로 출입한다. 반대로 조용하고 부드러운 소리(非騷音/非噪音)를 낼 때, 성대는 조여지고 성문은 닫히며 기류는 성문의 좁은 틈으로 들어와 성대를 진동시켜 맑게 울리는 소리가 난다.

⑦ 공명기관(共鳴器官) : 사람의 공명기관에는 구강(口腔), 비강(鼻腔), 인강(咽腔), 후강(喉腔) 네 부분이 있다. 그 중에서 구강이 주요 공명기관이다. 사람이 말을 할 때, 연구개(軟口蓋)와 목젖이 올라가 비강이 막히게 되면 기류는 구강으로 나가게 되고, 이때 구강에서 울리는 소리가 나게 되는데, 이것이 바로 구강음(口腔音)이다.

⑧ 음절(音節) : 음절은 말의 흐름에서 가장 자연스런 음성단위이며, 청각적으로 가장 쉽게 변별되는 음의 단락이다. 일반적으로 하나의 한자는 하나의 음절을 대표한다. 표준중국어인 보통화는 400여개의 기본음절을 가지고 있다. 한자는 말이 아닌 글자단위이기 때문에 이것으로 단순하게 음성의 음절을 구분해서는 안 된다. 예를 들어 '畵兒(그림)'이란 단어는 두 개의 한자로 쓰였지만, 중국어 음절은 'huàr' 한 개이다.

⑨ 음소(音素) : 음소는 최소 음성단위이다. 즉 더 이상 나눌 수 없는 가장 작은 음성단위를 말한다. 현대중국어의 음절은 'chuàng(創)'처럼 네 개의 음소 'ch + u + a + ng'으로 이루어지거

나, 'a(啊)'처럼 최소 한 개의 음소로 이루어진다.

⑩ 모음(母音) : 모음은 기류가 구강을 통과할 때 발음기관의 어떠한 방해도 받지 않고 나오는 소리이다. 중국어의 모음을 원음(元音)이라고 한다. 모음은 혀의 고저와 전후 위치, 입술모양에 따라 분류된다.

⑪ 자음(子音) : 자음은 서로 다른 부위에서 형성된 기류가 발음기관의 여러 가지 방해를 이겨내고 나오는 소리이다. 중국어의 자음을 보음(輔音)이라고 한다. 자음은 발음위치에 따라 쌍순음(雙脣音), 순치음(脣齒音), 설치음(舌齒音), 설첨전음(舌尖前音), 설첨중음(舌尖中音), 설첨후음(舌尖後音), 설엽음(舌葉音), 설면전음(舌面前音), 설면중음(舌面中音), 설면후음(舌面後音), 설근음(舌根音) 등으로 나눈다. 또 발음방법에 따라 색음(塞音)/파열음(破裂音), 찰음(擦音)/마찰음(摩擦音), 색찰음(塞擦音)/파찰음(破擦音), 비음(鼻音), 변음(邊音)/설측음(舌側音) 등으로 나눈다.

(2) 중국어의 발음표기

한자는 표의문자(表意文字)이기 때문에 형태적으로 직접 그 독음(讀音)을 알 수 없어 사용과 학습에 불편한 점이 많다. 따라서 중국에서는 일찍부터 다양한 한자의 발음표기법이 강구되어 왔는데, 직음, 반절, 주음부호의 세 가지 전통적인 방식이 있다.

① 직음(直音)

직음은 한대(漢代) 말엽에 생겨난 것으로, 보다 쉬운 어떤 한자의 음을 가지고 다른 한자의 독음을 표기하는 방식이다. 진대(晋代) 곽박(郭璞)의 『이아주(爾雅注)』에서 "亹音尾", 즉 "'亹'(미/wěi)자는 음이 '尾'(미/wěi)"라고 한 것이 대표적인 직음 방식의 예이다.

② 반절(反切)

반절은 한 글자의 음을 표기함에서 있어 다른 두 글자를 끌어와 앞 글자의 성모(聲母)와 뒤 글자의 운모(韻母)를 결합하여 그 독음을 추정하도록 하는 방식이다. 『광운(廣韻)』에서 "冬, 都宗切"이라고 한 것이 대표적인 반절 방식의 예이다. 곧 '冬'자는 반절상자(反切上字)인 '都'(도/dū)의 성모와 반절하자(反切下字)인 '宗'(종/zōng)의 운모를 합쳐 '동/dōng'으로 발음한다는 것을 나타낸다.

③ 주음부호(注音符號)

「주음부호」는 중화민국(中華民國) 교육부(教育部)가 중국어의 독음을 통일하기 위하여 북경어를 표준음으로 하여 「주음자모(注音字母)」를 제정하고 1918년 11월 25일에 공포한 중국어 병음 방식이다. 제정 당시에는 39개(성모 24개, 운모 15개)이던 것이 뒤에 37개(성모 21개, 운모 16개)로 조정되었는데, 현재 대만에서 중국어 발음을 표기하는 방식으로 아직까지도 사용하고 있다.

④「웨이드식 병음」과「국제음성기호」

중국의 전통적인 세 가지 한자 발음표기 방식 외에도, 국제적으로는 영국의 주청공사(駐淸公使)와 Cambridge 대학 교수를 역임한 영국인 토마스 웨이드(Thomas F. Wade)에 의해 1867년에「웨이드식 병음(Wade-Giles Spelling System)」이 제정 공포된 이후, 서양의 로마자를 이용한 한자의 발음표기 방식이 주종을 이루고 있는데, 그 대표적인 것이 바로「한어병음방안」과「국제음성기호」이다.

「국제음성기호(國際音標/IPA : International Phonetic Alphabet)」는 1888년 국제음성학회에서 제정 공포하고 1996년 수정 보완한 것으로,「한어병음방안」의 미비점을 보완해준다는 점에서 그 실용 가치가 있다. 즉「한어병음방안」은 북경어의 어음 체계를 근거로 만들어졌기 때문에 다른 언어나 방언의 발음표기를 두루 충족시킬 수 없다는 약점을 지니고 있다. 그래서 중국의 언어학자들은 현대중국어 보통화와 방언을 보다 정확하게 기록하고 연구하기 위하여「국제음성기호」를 자주 사용한다.

(3)「한어병음방안(漢語拼音方案)」의 제정과 응용

「한어병음방안」은 라틴어의 자모 26개를 이용하여 현대중국어 보통화의 음성을 표기하는 방안이다. 1958년 2월 제1회 전국인민대표대회(全國人民代表大會) 제5차 회의에서 심의 통과된 후 바로 제정 공포되었다. 이 방안은 자모표(字母表 : 26개 자모), 성모표(聲母表 : 21개 자음 성모,

1개 영성모), 운모표(韻母表 : 35개 운모, 실제는 38개) 및 설명, 성조부호(聲調符號), 격음부호(隔音符號)의 다섯 부분으로 구성되어 있다. 중국의 국제적 위상과 국력이 날로 향상되고, 특히 1982년 국제표준화기구(ISO)에서 「한어병음방안」을 '중국어 로마자 자모 표기의 국제표준'으로 채택함에 따라, 이는 가장 대표적인 한자 발음표기법으로 자리 잡게 되었다. 현재 중국은 보통화 보급, 국어교육, 자전(字典) 및 사전(詞典/辭典)의 발음표기, 도서목록 편찬 등의 각 방면에서 「한어병음방안」을 채택하고 있으며, 세계 각국 역시 중국어 교육뿐만 아니라 중국의 인명, 지명 등 고유명사를 표기할 때 이 「한어병음방안」을 활용하고 있다.

2. 중국어의 음성체계

중국어를 배우려면 우선 발음을 알아야한다. 발음이란 처음부터 잘못 습관을 들이면 나중에는 고치기가 힘들다. 특히 중국어는 정확한 발음을 구사할 줄 알아야 제대로 말한다는 소리를 듣게 된다. 중국어가 한자로 기록된다는 것은 누구나 다 아는 사실이다. 그리고 우리도 중국과 똑같이 한자를 쓰고 있다. 그렇지만 중국어 한자 발음과 우리가 읽는 한자 발음은 기본적으로 다르다. 또 중국어 발음에는 음의 높낮이를 표시하는 성조(聲調)도 포함되어 있다.

한자는 표음기능이 결여된 문자이므로 부득이 독음을 표기하는 부호를 사용할 수밖에 없다. 중국은 현재 1958년에 제정 공포된 「한어병음방안」으로 현대중국어의 발음을 표기하고 있다. 이 부호는 라틴어의 26개 자모로 구성되어 있는데, 이 중 'v'는 표준중국어에서는 사용하지 않고 외래어, 소수민족언어, 방언 등을 표기하는 데 사용한다. 자모의 필기체는 라틴 자모의 일반적인 글자체를 따른다.

한어병음자모표(漢語拼音字母表)

자모	명칭(국제음성기호)	자모	명칭(국제음성기호)
A a	[a]	N n	[nε]
B b	[pε]	O o	[o]
C c	[tsε]	P p	[pε]
D d	[tε]	Q q	[tɕiou]
E e	[ɤ]	R r	[ar]
F f	[εf]	S s	[εs]
G g	[kε]	T t	[tε]
H h	[xa]	U u	[u]
I i	[i]	V v	[vε]
J j	[tɕiɜ]	W w	[wa]
K k	[kε]	X x	[ɕi]
L l	[εl]	Y y	[ja]
M m	[εm]	Z z	[tsε]

(1) 성모(聲母)

성모와 운모는 중국어에서 사용하는 음운(音韻) 용어로 중국의 전통적인 음절 분석방법에서 유래된 것이다. 과거 중국인들은 하나의 음절을 머리소리 자음과 그 나머지 부분으로 이등분하였는데, 머리소리 자음을 '성모(聲母)'라 하고, 그 나머지 부분을 '운모(韻母)'라 하였다. 쉽게 말하면, 성모는 우리말의 '초성'에 해당하고 운모는 '중성'이나 '중성+종성'에 해당한다고 할 수 있다.

> 음절(ban) → 성모(b)+운모(an), 음절(bang) → 성모(b)+운모(ang)
> 음절(gen) → 성모(g)+운모(en), 음절(geng) → 성모(g)+운모(eng)
> 음절(zhu) → 성모(zh)+운모(u), 음절(zhuang) → 성모(zh)+운모(uang)

중국어 보통화에는 22개의 성모가 있는데, 이 중에서 21개는 자음 성모이고 1개는 영성모(零聲母 : y)이다.

보통화 성모표(聲母表)

발음방법 / 발음부위	塞音/破裂音		擦音/摩擦音		破裂摩擦音		鼻音	舌側音
	無聲音 (聲帶無振動)		無聲音	有聲音	無聲音 (聲帶振動)		有聲音	有聲音
	無氣音	有氣音			無氣音	有氣音		
쌍순음(雙脣音) 윗입술, 아랫입술	b	p					m	
순치음(脣齒音) 윗니, 아랫입술			f					
설첨전음 (舌尖前音) 혀끝, 윗니뒤쪽			s		z	c		
설첨중음 (舌尖中音) 혀끝, 윗잇몸	d	t					n	l
설첨후음 (舌尖後音) 혀끝, 잇몸뒤쪽			sh	r	zh	ch		
설면음(舌面音) 설면, 입천장중간			x		j	q		
설근음(舌根音) 설근, 입천장안쪽	g	k	h					

성모는 각각의 발음부위에 따라 발음하는 방법이 다르다. 위의 「보통화 성모표」에 나오는 발음부위와 발음방법 관련 용어를 간단히 설명하면 다음과 같다.

① 쌍순음(雙脣音) : 두 입술 사이에서 내는 소리이다.

② 순치음(脣齒音) : 아랫입술과 윗니 사이에서 내는 소리이다.

③ 설치음(舌齒音) : 혀끝을 이에 살짝 갖다 대고 내는 소리이다.

④ 설첨전음(舌尖前音) : 혀끝을 잇몸에 살짝 갖다 대고 마찰하면서 내는 소리이다.

⑤ 설첨중음(舌尖中音) : 혀끝을 윗잇몸에 살짝 갖다 대고 마찰하면서 내는 소리이다.

⑥ 설첨후음(舌尖後音) : 권설음(捲舌音)이라고도 하며, 혀를 말아 올려 혀끝을 입천장중간(硬口蓋)에 살짝 갖다 대는 상태에서 파열 마찰하여 내는 소리이다.

⑦ 설엽음(舌葉音) : 혀의 가장자리와 윗잇몸 사이에서 내는 소리이다.

⑧ 설면전음(舌面前音) : 혓바닥앞쪽과 입천장중간 및 안쪽 사이에서 내는 소리이다.

⑨ 설면중음(舌面中音) : 혓바닥중간과 입천장중간 및 안쪽 사이에서 내는 소리이다.

⑩ 설면후음(舌面後音) : 혓바닥안쪽과 입천장중간 및 안쪽 사이에서 내는 소리이다.

⑪ 설면음(舌面音) : 혀뿌리(설면)를 이용하여 목젖을 울려서 내는 소리이다.

⑫ 색음(塞音)/파열음(破裂音) : 허파에서 나오는 날숨을 일단 막았다가 그 막았던 자리를 터뜨리면서 내는 소리이다.

⑬ 찰음(擦音)/마찰음(摩擦音) : 입안이나 목청 사이의 통로를 좁혀서 날숨이 그 사이를 비집고 나오면서 마찰하여 내는 소리이다.

⑭ 색찰음(塞擦音)/파찰음(破擦音) : 입안의 날숨을 완전히 막았다가 터뜨릴 때 마찰하는 소리가 뒤따르게 된 소리이다.

⑮ 비음(鼻音) : 입안의 통로를 막고 코로 공기를 내보내면서 내는 소리이다.

⑯ 변음(邊音)/설측음(舌側音) : 혀끝을 윗잇몸에 댄 채 혀의 양쪽 트인 곳으로 소리를 내거나 그 혀를 떼면서 내는 소리이다.

⑰ 유기음(有氣音)/송기음(送氣音) : 소리를 낼 때 입김(氣)이 거세게 나오는 소리이다.

⑱ 무기음(無氣音)/불송기음(不送氣音) : 소리를 낼 때 입김(氣)이 거세게 나오는 않는 소리이다.

(2) 운모(韻母)

중국어의 음절구조에서 성모의 뒷부분을 운모라고 한다. 현대 중국어 보통화의 운모는 주로 모음으로 이루어져 있으나 모음과 비음자음이 더해진 것까지 합치면 38개가 있다. 보통화의 운모는 내부 성분에 따라 단모음운모(單元音韻母), 복모음운모(複元音韻母), 비음운모(鼻音韻母)로 분류할 수 있다.

① 단모음운모(單元音韻母)

단모음으로 구성된 운모로 단운모(單韻母)라고도 한다. 보통화에는 9개의 단모음운모가 있다.

설면모음 : a, o, e[ɤ], ê[ɛ], i, u, ü

설첨전모음/설첨후모음 : -i

권설모음 : er

② 복모음운모(複元音韻母)

복모음으로 구성된 운모로 복운모(複韻母)라고도 한다. 두 개의 모음으로 이루어진 것을 이중모음(二合元音), 세 개의 모음으로 이루어진 것을 삼중모음(三合元音)이라고 한다. 보통화에는 9개의 이중모음운모와 4개의 삼중모음운모가 있다.

이중모음운모 : ai, ei, ao, ou, ia, ie, ua, uo, üe

삼중모음운모 : iao, iou/iu, uai, uei/ui

③ 비음운모(鼻音韻母)

모음(元音)에 비음자음(鼻輔音)의 운미(韻尾)인 설첨비음(舌尖鼻音) 'n'과 설근비음(舌根鼻音) 'ng'를 첨가하여 구성된 운모이다.

전설비음운모 : an, en, ian, in, uan, uen/un, üan, üen/ün

후설비음운모 : ang, eng, iang, ing, uang, ueng, ong, iong

단모음운모와 복모음운모

	a	o	e	ai	ei	ao	ou
i (yi)	-ia (ya)		-ie (ye)			-iao (yao)	-iou (you)
u (wu)	-ua (wa)	-uo (wo)		-uai (wai)	-uei (wei)		
ü (yu)			-üe (yue)				

※ 괄호 안은 앞에 성모가 없이 운모가 단독으로 쓰일 때의 표기법이다.

비음운모

an	en	ang	eng	ong
-ian (yan)	-in (yin)	-iang (yang)	-ing (ying)	-iong (yong)
-uan (wan)	-uen (wen)	-uang (wang)	-ueng (weng)	
-üan (yuan)	-ün (yun)			

※ 괄호 안은 앞에 성모가 없이 운모가 단독으로 쓰일 때의 표기법이다.

(3) 성조(聲調)

성조란 소리의 높낮이와 그 변화라고 말할 수 있다. 중국어의 한자는 각기 자신의 독특한 성조를 지니고 있는데, 동일한 성모와 운모로 구성된 음절이라도 성조에 따라 뜻이나 글자가 달라진다. 중국어의 성조는 음절의 의미를 구별하는 역할을 하는 중요하고도 필수적인 요소이므로 중국어를 처음 배울 때부터 정확한 연습이 필요하다.

① 현대중국어 보통화의 성조

고대에는 평성(平聲), 상성(上聲), 거성(去聲), 입성(入聲)을 사성(四聲)이라고 하였으나, 현대중국어 보통화에서는 입성이 소멸되고 음평(陰平), 양평(陽平), 상성(上聲), 거성(去聲)의 네 성조를 '사성'이라고 한다.

제1성(第一聲) : 음평(陰平), 고평조(高平調), 5-5, [ˉ]

mā(媽), qī(七), xī(西), yī(一), zhū(猪)

제2성(第二聲) : 양평(陽平), 상승조(上昇調), 3-5, [ˊ]

má(麻), qí(其), xí(習), yí(移), zhú(竹)

제3성(第三聲) : 상성(上聲), 강승조(降昇調), 2-1-4, [ˇ]

mǎ(馬), qǐ(起), xǐ(洗), yǐ(已), zhǔ(煮)

제4성(第四聲) : 거성(去聲), 하강조(下降調), 5-1, [ˋ]

mà(罵), qì(氣), xì(系), yì(義), zhù(祝)

② 현대중국어 보통화의 성조 표기

성조 표기는 발음할 때 가장 입이 크게 벌어지는 운모(a, o, e, i, u) 위에 표기하는데, 운모가 겹쳐 있을 때는 a, o, e, i, u 순서로 표기하며, 다른 운모 없이 i, u만 겹쳐 있을 때는 뒤쪽에 표기한다. -i 위에 성조 부호를 표기할 때는 i 위의 점을 없애고 표기한다.

hái(還), kǒu(口), běi(北), māo(貓), zhòu(宙), xiū(修), qī(七), shí(十)

a, o ,e로 시작되는 음절이 다른 음절 뒤에 이어질 때, 음절 구분이 모호하거나 혼동하기 쉬운 곳에는 격음부호(隔音符號 : ')를 써서 그 한계를 명확히 구분한다.

piáo(瓢) ; pí'ǎo(皮襖)

fāngài(翻蓋) ; fáng'ài(妨碍)

míngē(民歌) ; míng'é(名額)

dá'àn(答案), ēn'ài(恩愛), ǒu'ěr(偶爾)

참고로 한어병음을 표기할 때도 중국어 문장과 마찬가지로 문장의 시작과 고유명사는 병음의 첫 자를 대문자로 써야한다. 중국어 문장을 한자를 쓰지 않고 병음으로만 표기할 때는 하나의 단어는 붙여 쓰고, 단어와 단어 사이는 띄어 쓰며, 문장은 문장부호를 써야한다.

漢語 → Hànyǔ

漢語會話課本 → Hànyǔ huìhuà kèběn

你有漢語會話課本嗎? → Nǐ yǒu Hànyǔ huìhuà kèběn ma?

我沒有漢語會話課本。 → Wǒ méiyǒu Hànyǔ huìhuà kèběn。

3. 중국어의 음운변화

(1) 경성(輕聲)

경성은 보통화에서 네 개의 성조 외에 다섯 번째의 성조가 아니다. 단어로 쓰였을 때 경성으로 읽는 한자라도 모두 자신만의 고유 성조를 가지고 있다. 경성은 특정한 조건에서 짧고 가볍게/약하게 읽는다. 일반적으로 경성으로 읽는 글자를 '경성자(輕聲字)'라고 하는데, 「한어병음방안」에서는 경성의 성조부호를 표기하지 않는 것이 원칙이다. 중국어 어휘에서 경성 음절을 취하는 경우는 대체로 다음과 같다.

① 동음(同音)이 중첩된 명사나 동사의 둘째 음절은 경성으로 발음한다.

哥哥(gēge), 妹妹(mèimei), 看看(kànkan), 說說(shuōshuo)

② 동의(同義) 병렬에 의한 복합어의 둘째 음절은 경성으로 발음한다.

朋友(péngyou), 衣服(yīfu), 眼睛(yǎnjing), 窗戶(chuānghu)

③ 이의(異義)의 병렬에 의한 복합어의 둘째 음절은 경성으로 발음한다.

東西(dōngxi), 買賣(mǎimai), 多少(duōshao), 大小(dàxiao)

④ 명사, 대사(代詞) 뒤에서 방위를 나타내는 형태소나 단어는 경성으로 발음한다.

臉上(liǎnshang), 脚下(jiǎoxia), 這邊(zhèbian), 外面(wàimian), 家裏(jiāli)

⑤ 동사, 형용사 뒤에서 방향을 나타내는 '來', '去'는 경성으로 발음한다.

下來(xiàlai), 起來(qǐlai), 帶來(dàilai), 回去(huíqu), 出去(chūqu)

⑥ 각종 접사(接詞)나 조사(助詞)는 경성으로 발음한다.

他們(Tāmen), 椅子(yǐzi), 帽子(màozi), 石頭(shítou)

的(de), 了(le), 吧(ba), 嗎(ma), 呢(ne)

(2) er화(兒化)

현대중국어 보통화에서 권설운모(捲舌韻母) 'er'은 성모와 결합하지 못한다. 'er'은 자체로 음절을 구성하는 외에 다른 운모의 뒤에 붙어 그 운모를 권설운모로 전환시켜 어조를 부드럽게 한다. 이것을 'er화(兒化)'라고 하며, 'er화'된 운모를 'er화운(兒化韻)'이라고 한다. 철음(綴音) 규칙에서 'er화운'은 원래의 음절 다음에 '-r'을 덧붙이면 된다.

gē + ér → gēr(歌兒)

mén + ér → ménr(門兒)

diànyǐng + ér → diànyǐngr(電影兒)

kèběn + ér → kèběnr(課本兒)

xiǎohái + ér → xiǎoháir(小孩兒)

shàngbiān + ér → shàngbiānr(上邊兒)

'er화' 역시 일종의 음운변화 현상으로 단어의 의미와 품사를 구별할 뿐 아니라 감정의 의미를 부가하는 역할까지 한다.

① 어떤 단어는 'er화'함으로써 비유 의미를 지니게 되어 의미가 완전히 달라진다.

眼(눈) → 眼兒(작은 구멍), 門(문) → 門兒(방법)

② 동사나 명사로 겸용하는 단어나 일부 형용사는 'er화'함으로써 명사로만 쓰인다.

畵(동 : 그리다, 명 : 그림) → 畵兒(명 : 그림)

尖(형 : 날카롭다) → 尖兒(명 : 물체의 날카로운 끝부분이나 뾰족한 윗부분)

③ 'er화'함으로써 작거나 귀여움을 나타내는 의미가 부가된다.

玻璃瓶兒(작은 유리병), 女孩兒(어린 여자아이), 蛐蛐兒(귀뚜라미)

(3) 성조변화(聲調變化/變調)

우리가 중국어로 말을 할 때 낱개의 음절을 독립적으로 발음하는 것이 아니라 여러 개의 음절을 이어서 발음하게 된다. 이때 이웃하는 음절이 상호 영향을 주어 음운변화를 일으키게 된다. 현대중국어의 주된 음운변화는 성조의 변화, 즉 변조(變調)이다. 다만 발음할 때 변화된 성조로 읽을 뿐, 철음(綴音) 규칙상 변화된 성조로 표기하지는 않는다.

① 제3성의 변화

제3성 뒤에 제1성, 제2성, 제4성, 경성이 이어지면 반3성(半三聲)으로 변화한다. 반3성은 음의 낮고 평탄한 부분만 있고 후반부의 상승 부분은 실현되지 않는다.

제3성 + 제1성의 반3성 :

北京(Běijīng), 廣州(Guǎngzhōu), 老師(lǎoshī)

제3성 + 제2성의 반3성 :

美國(Měiguó), 瀋陽(Shěnyáng), 本來(běnlái)

제3성 + 제4성의 반3성 :

武漢(Wǔhàn), 緬甸(Miǎndiàn), 感歎(gǎntàn)

제3성 + 경성(제3성에서 변한 경성 제외)의 반3성:

你們(Nǐmen), 晚上(wǎnshang), 小的(xiǎode)

제3성이 연이어 나오면 앞의 제3성은 일반적으로 제2성으로 변한다.

제3성 + 제3성 → [제2성 + 제3성] :

海水(hǎishuǐ) → [háishuǐ], 粉筆(fěnbǐ) → [fénbǐ]

手表(shǒubiǎo) → [shóubiǎo], 洗澡(xǐzǎo) → [xízǎo]

제3성 + 제3성 + 제3성(단어) → [제2성 + 제2성 + 제3성] :

洗臉水(xǐliǎnshuǐ) → [xíliánshuǐ]

제3성 + 제3성 + 제3성(문장) → [반3성 + 제2성 + 제3성] :

我也好。(Wǒ yě hǎo。) → [Wǒ yé hǎo]

② '一', '不'의 성조변화

'一(yī)'는 본래 제1성인데 뒤에 다른 음절이 이어지면 성조가 변한다. 뒤에 제1성, 제2성, 제3성이 이어지면 '一'는 제4성으로 변하고, 뒤에 제4성 음절이 이어지면 '一'는 제2성으로 변한다.

一(yī) + 제1성 : 一張(yī zhāng) → [yì zhāng], 一些(yīxiē) → [yìxiē]

一(yī) + 제2성 : 一年(yī nián) → [yì nián], 一同(yītóng) → [yìtóng]

一(yī) + 제3성 : 一本(yī běn) → [yì běn], 一起(yīqǐ) → [yìqǐ]

一(yī) + 제4성 : 一面(yīmiàn) → [yímiàn], 一共(yīgòng) → [yígòng]

'七(qī)', '八(bā)'의 경우도 '一'와 마찬가지로 성조가 변하지만, 근래 중국어 보통화에서 모두 원래 성조인 제1성으로 읽는 추세이다.

'不(bù)'는 본래 제4성인데 뒤에 제4성 음절이 이어지면 제2성으로 변한다.

不錯(bùcuò) → [búcuò], 不在(bùzài) → [búzài]

不見(bù jiàn) → [bú jiàn], 不去(bù qù) → [bú qù]

'一'가 중첩된 동사 사이에 올 때와 '不'가 중첩된 동사 또는 형용사 사이에 올 때는 모두 경성으로 발음한다.

看一看(kàn yi kàn), 說一說(shuō yi shuō), 想一想(xiǎng yi xiǎng)

吃不吃(chī bu chī), 對不對(duì bu duì), 好不好(hǎo bu hǎo)

③ 제4성의 변화

제4성의 뒤에 제4성이 이어지면 앞의 제4성은 반4성으로 변한다.

到處(dàochù), 電視(diànshì), 看錯(kàncuò), 面試(miànshì)

慶祝(qìngzhù), 社會(shèhuì), 現在(xiànzài), 注意(zhùyì)

제3장
중국어의 문자

1. 한자의 기원과 특성

중국어의 또 다른 특성은 그것을 표기하는 문자인 한자(漢字)와 불가분의 관계가 있다는 것이다. 단음절어와 고립어로서의 중국어는 의미와는 직접적인 관련이 있고 음성과는 간접적인 관련이 있는 한자와 결합함으로써 그 언어를 기록한다. 문자는 언어를 기록하는 일종의 기호체계이다. 문자가 만들어지기 전에 사람들은 이미 실물(實物)이나 도화(圖畫) 또는 각종 부호(符號)를 사용하여 사실을 기록했었다. 중국의 문자학자(文字學者)들은 일반적으로 한자는 신석기시대에 이미 발생한 것으로 보고 있다. 처음에는 그림으로 뜻을 나타내던 것이 상형(象形)으로 발전하고, 뒤에 간단한 상형자(象形字)를 기초로 표의(表意)하거나 표의와 표음(表音)이 결합된 방향으로 발전하였다고 보고 있다.

(1) 한자의 기원

한자는 원시적 단계까지 거슬러 올라가면 거의 6,000년에 달하는 역사를 지닌다고 한다. 이는 신석기시대의 도기(陶器)나 도편(陶片)에 새겨져 있거나 그려져 있는 부호를 한자의 기원으로 간주한 데서 나온 견해이다. 중국 신석기시대 중후기의 대표적 중원지역 문화인 앙소문화(仰韶文化), 대문구문화(大汶口文化), 용산문화(龍山文化) 유적지에서 출토 발굴된 채도(彩陶), 회도(灰陶), 흑도(黑陶) 등에 이미 한자의 원시 형태가 출현한 것으로 보고 있다. 이 중에서 특히 1959년 산동성(山東省) 대문하(大汶河) 양안의 영양(寧陽)과 태안(太安) 대문구(大汶口) 부근에서 처음 발견된 '대문구문화'는 한자의 기원과 관련하여 주목을 받는 시기이다. 신석기시대 후기에 해당하는 이 문화에서 발굴된 '회도'에 후대의 갑골문(甲骨文)이나 금문(金文)과 유사한 문자가 출현하여 관련 학계의 주목을 끌었다. 지금부터 약 5,000여 년 전인 '대문구문화'의 말기에 주로 나타난 이 문자는, 그 모양이 비교적 단정하고 정연하며 상형성을 갖추어 고문자(古文字)의 규율에 따라 해독이 가능하므로 일부 고문자학자들에 의해 원시문자(原始文字)로 간주되기도 하였다. 하지만 이들 도기나 도편에 나타난 부호와 현재 전하는 가장 오래된 한자 자체인 갑골문 사이에는 상당한 거리가 있다. 도기나 도편상의 부호 중에는 갑골문 등에 등장하는 몇몇 개별 한자의 원형으로 추정되는 것들이 있지만, 대부분 단순한 숫자와 같은 부호로 사용되었을 뿐 어떤 문자 체계를 갖추고 있거나 문장에서 쓰인 것은 아니라는 것이 중국 문자학계의 일반적인 견해이다.

중국의 전설(傳說)에서는 황제(黃帝)의 사관(史官)인 창힐(倉頡/蒼頡)

이 한자를 창제했다고 하는데, 일부 문헌상의 기록으로 추산하면 이 시기가 '대문구문화'시기와 거의 비슷하다. 『한비자(韓非子)』, 『여씨춘추(呂氏春秋)』, 『회남자(淮南子)』, 『설문해자(說文解字)』 등 현재 전하는 중국 고문헌의 기재에 의하면, 네 개의 눈을 가진 창힐은 "새나 짐승의 발자국을 보고 한자를 만들었다"고 한다. 하지만 창힐이라는 한 개인이 한자를 만들었다는 것은 역사적 실재성이 의심되는 전설적 기록에 불과하다고 볼 수밖에 없다. 이 밖에도 한자의 기원과 관련하여 '팔괘(八卦)'에서 나왔다는 설, '결승(結繩 : 줄로 매듭짓기)'에서 나왔다는 설, 계각(契刻 : 나무 따위의 재료에 간단하게 새기기)에서 나왔다는 설 등이 전해진다. '팔괘'는 전설상의 복희(伏羲)가 만들었다고 전해지며, '결승'이나 '계각'은 개인의 기억을 보조하는 도구의 역할만 하는 것에 불과해 문자와 구별되며 문자로 발전할 수도 없는 것이다.

(2) 한자의 특성

전 세계에 존재하는 문자의 종류는 실로 다양하다. 언어를 기록하는 단위로 볼 때, 크게 음소를 기록하는 음소문자(音素文字), 음절을 기록하는 음절문자(音節文字), 형태소를 기록하는 형태소문자(形態素文字)로 분류할 수 있다. 음소문자와 음절문자는 모두 표음문자(表音文字)이며, 형태소문자는 표의문자(表意文字)에 속한다. 표음문자의 기본단위는 자모이고, 표의문자의 기본단위는 글자이다. 한자는 전형적인 표의문자이다. 한자는 기본적으로 한 글자가 하나의 형태소와 의미를 지녀 하나의 단어가 되는 매우 특이한 표의 체계의 문자로 표음문자와는 본질적으로 다르다. 이는 한자의 형체가 표의기호로서 음을 표시하지 않고 뜻을 표시하는 점에 잘 나타나 있다. 한자는 나타내는 뜻에 따라 음이 달라지거나 음은 다르더라도 뜻과 형체는 변하지 않는 경우가 적지 않다. 또 한자는 음이 같더라도 형태를 달리하여 완전히 다른 의미를 나타낸다. 예를 들어 '一', '衣', '依', '醫'는 현대중국어에서 모두 'yī'로 발음하지만 각각의 의미는 서로 다르다. 한 형태소의 음과 의미는 바로 그 글자인 한자의 음과 의미이다. 한자의 형태와 이것이 표시하는 형태소의 음과 의미가 하나로 결합되어 있기 때문에 모든 한자는 '모양(形)', '소리(音)', '의미(義)'로 구성된 문자라고 할 수 있다.

언어의 표현 방법상 표의문자라는 기본속성을 가진 한자는 일반적으로 다음 몇 가지의 특징을 갖는다.

① 글자의 수가 많다

최근까지 각종 한자 데이터베이스에 저장된 한자의 자수는 무려 9만여 자에 이를 정도로 그 수가 많다. 이 중에는 고금자(古今字), 이체자(異體字), 번체자(繁體字), 간화자(簡化字)까지 합산되어 음과 뜻이 같으면서도 중복으로 들어간 경우도 적지 않은 분량을 차지한다. '고금자'는 여러 가지의 뜻을 함께 가지고 있는 한 글자가 시간이 흐르면서 알아보기 쉽고 또 뜻을 정확하게 전달하고자 글자의 부수(部首)를 더하거나 그 뜻에 맞게 바꾸어 사용하게 되면서 시간적으로 선후관계에 있는 한자를 말한다. 『논어(論語)』 「팔일(八佾)」 편의 "成事不說, 遂事不諫, 旣往不咎."에서 '說'자는 '말하다'의 뜻으로 쓰였고, 「학이(學而)」 편 "學而時習之, 不亦說乎?"에서의 '說'자는 '기뻐하다'의 뜻으로서 후대의 '悅(열)'자에 해당한다. 여기서 '說'과 '悅'은 고금자의 관계로서 '說'은 고자(古字)이고, '悅'은 금자(今字)이다. 이 밖에도 '昏'과 '婚', '禽'과 '擒', '舍'와 '捨' 등도 모두 고금자이다. '이형자(異形字)'라고도 부르는 '이체자'는 '窓'과 '窗'처럼 음과 뜻이 같으면서도 글자모양만 달라 서로 대체 가능한 한자이다. 중국 정부가 공포한 「현대중국어 통용문자표」에는 통용한자 7,000자가 수록되어 있다. 뒤에 다시 설명하겠지만 이것은 현재 통용되는 한자의 수가 7,000자라는 것이지, 현대중국어 한자의 총 자수를 의미하는 것은 결코 아니다.

② 글자의 구조가 복잡하다

수만 개의 한자를 형태에 따라 구별하다보니 그 구조가 매우 복잡해졌다. 통계조사에 따르면 한자의 기본 필획(筆劃)은 여섯 가지이고, 파생된 필획은 25가지이며, 최소 구성요소는 648개이다. 필획이 단 한 획으로만 된 한자도 있지만, 30획 이상인 한자도 있으며, 그 구조 또한 매우 복잡하다. 또 형체가 비슷한 한자도 많아서 구별이 쉽지 않고 혼동이 되는 경우도 적지 않다. 많은 필획과 구성요소, 여기에 각양각색의 조합방식이 더해져 한자의 구조는 시간이 지날수록 더 복잡해졌다.

③ 동음자(同音字)와 다음자(多音字)가 많다

현대중국어는 기본 음절수가 410개에 불과하고, 네 개의 성조에 의해 이루어지는 발음이 총 1,295개 정도일 뿐이다. 따라서 한 개의 발음에 여러 개의 한자가 있을 수 있고, 그 분포가 고르지 않아 어떤 음절은 심지어 60여 개의 한자가 있는 것도 있다. 게다가 '형체가 비슷하면서 음이 같은 한자(同形同音字)'가 있는가 하면, '형체가 완전히 다르면서 음이 같은 한자(異形同音字)'도 많이 있다. 그 다음으로 '하나의 글자가 두 가지 이상의 음을 가진 다음자(多音字)'도 적지 않다. 같은 글자이면서 뜻과 음이 완전히 다른 경우도 있고, 성조만 달라지는 경우도 있다. 어떤 글자는 품사에 따라 음이 달라지는가 하면, 문장어와 구어에 따라 음이 달라지는 한자도 있다.

④ 네모덩어리 모양의 평면구조이다

한자는 갑골문에서부터 현재 쓰고 있는 형태에 이르기까지 기본적으로는 네모덩어리 모양의 평면구조로 이루어져 있다. 비록 내부적으로는 무수한 형태변화가 있어 왔지만, 줄곧 '네모덩어리 모양의 글자(方塊字)' 원형을 유지해왔다. 한자의 일반적인 조합은 구성성분이 가로 세로 방향으로 펼쳐져 그 조합형태가 매우 다양하다. 예컨대 '峰'자는 '峯'자로 배열할 수 있고, '晰'자는 '晳'자로도 배열할 수 있으며, '群'자는 '羣'자로도 배열하여 쓸 수 있다. 어떤 모양으로 변형하든 기본적으로는 네모덩어리 모양의 평면구조를 유지해왔다.

⑤ 시간과 공간을 초월하여 의미와 형태의 변화가 적다

고대의 한자와 현대의 한자를 비교해보면 음성의 차이는 매우 크지만 의미의 변화는 상대적으로 적은 편이다. 또한 그 형태도 매우 안정적이어서 시간과 공간을 초월하여 별로 큰 차이를 보이고 있지 않다.

따라서 선진(先秦) 양한(兩漢) 시기의 『시경(詩經)』, 『논어(論語)』, 『좌전(左傳)』, 『사기(史記)』와 같은 고서를 지금도 일반 중국인들이 부분이나마 읽고 이해할 수 있다. 만약 이들 고서가 표음문자로 쓰였다면 시간과 공간을 초월한 현대인들의 폭넓은 이해는 불가능하였을 것이다. 한자는 중국의 유구한 역사와 문화를 담고 있어서 중국문화를 제대로 알고 이해하고자 하는 사람들은 반드시 한자를 배우고 익혀야한다. 한자는 오랜 기간 사용되면서 중국의 고대 국가를 통일하고 민족을 단결시키는 중요한 역할을 담당하였다. 오늘날 중국이 G2에 들어갈 정도의 경제대국으로 급성장함에 따라 그들의 문자인 한자도 세계의 주목을 끌며 세계화되고 있다.

2. 한자의 조자와 자체

(1) 한자의 조자 방법

한자는 수가 많고 형태가 복잡하다. 또한 구조가 상당히 조직적이며 규칙적인 문자체계이다. 중국의 전통적인 한자 조자(造字) 방법에는 상형(象形), 지사(指事), 회의(會意), 형성(形聲)의 네 가지가 있다. 여기에 '같은 음의 글자를 빌려 딴 뜻에 쓰는 가차(假借)'와 '어떤 글자의 뜻을 그 글자와 같은 부류 안에서 다른 의미로 전용하는 전주(轉注)'를 더하여 '육서(六書)'라고 한다. 한자의 수로 보면, 회의자와 형성자가 상형자와 지사자보다 훨씬 많은 전체의 90% 이상을 차지한다. 중국의 전통적인 한자 조자 방법을 간단히 설명하면 다음과 같다.

① 상형(象形)

상형은 어떤 실물의 형체를 본떠 그려내는 한자 조자 방법이다. 그 필획은 대체로 물체를 형상대로 그려낸 구불구불한 모양이다. 상형은 물체를 그려내는 방식에 따라 물체의 전체적인 윤곽을 그린 상형자(日, 月, 水, 木, 人), 물체의 특징 부분을 그린 상형자(牛, 羊), 물체 및 그와 관련된 부분을 함께 그린 상형자(牢, 果, 囿)로 나눌 수 있다.

② 지사(指事)

지사는 그림으로 형상화할 수 없는 사물이나 추상적인 개념을 부호로 나타내는 한자 조자 방법이다. 예를 들면, '上'과 '下'는 필획과 부호의 위치로써 '상'과 '하'의 방향을 나타내고 있다. 지사는 단순한 지사부호를 조합하여 숫자나 기타 추상적인 개념을 나타내는 지사자(四, 五, 八)와 상형자에다 지사부호를 더한 지사자(寸, 本, 末)로 나눌 수 있다.

③ 회의(會意)

회의는 이미 존재하는 글자를 다시 두 개 또는 여러 개로 조합하여 새로운 글자를 만들어내는 한자 조자 방법이다. 이렇게 조합된 글자들은 의미상 서로 관련이 있다. 예를 들면, '소식'이란 뜻을 가진 '信'

은 '人'과 '言'이 조합되어 만들어진 '사람이 하는 말'을 나타내는 회의자이며, '休'는 '人'과 '木'이 조합되어 만들어진 '사람이 나무에 기대어 쉬는 것'을 나타내는 회의자이다. 이러한 회의자는 글자의 의미가 명확하고 이해하기도 쉬워 기억하기에 편한 장점이 있다. 회의자는 글자의 조합 방식이 다양하고 의미를 나타내는 방법도 여러 가지일 뿐만 아니라 여러 가지 추상적인 의미와 개념들을 나타낼 수 있어서 한자의 의미표현력을 향상시켰다.

④ 형성(形聲)

형성(形聲/諧聲)은 소리를 나타내는 글자와 의미를 나타내는 글자가 조합되어 새로운 글자를 만드는 한자 조자 방법이다. 전체 한자의 85% 이상을 차지하는 형성자는 '의미부'와 '소리부'의 조합구조에 따라 다음과 같은 여러 가지 유형으로 나눌 수 있다.

좌'의미부'+우'소리부' : 呼(口+乎), 憶(忄+意), 泥(氵+尼)

좌'소리부'+우'의미부' : 放(方+攵), 歌(哥+欠), 瓶(并+瓦)

상'의미부'+하'소리부' : 菜(艹+采), 霧(雨+務), 籠(竹+龍)

상'소리부'+하'의미부' : 燙(湯+火), 璧(辟+玉), 惑(或+心)

내'의미부'+외'소리부' : 問(口+門), 聞(耳+門), 悶(心+門)

내'소리부'+외'의미부' : 圓(員+囗), 圍(韋+囗), 闊(活+門)

의미부가 글자의 일부분 : 載(車), 騰(馬), 島(山)

소리부가 글자의 일부분 : 房(方), 遠(袁), 旗(其)

(2) 한자의 자체 변천

한자의 자체(字體)/서체(書體)는 기본적으로 '복잡한 형태'에서 '간단한 형태'로 변화 발전해왔다. 한자의 발생 초기에는 도화문자(圖畫文字)의 성격이 강하던 것이 상형문자(象形文字)로 변화하고, 복잡한 곡선형태에서 간단한 직선형태의 간략한 필획으로 발전한 것이 대체적인 변천과정이다. 한자의 자체는 역사적으로 갑골문(甲骨文), 금문(金文), 전서(篆書), 예서(隸書), 해서(楷書), 초서(草書), 행서(行書)의 변천과정을 거치면서 발전하였다. 이러한 한자의 자체를 각각 간략하게 설명하면 다음과 같다.

① 갑골문(甲骨文)

갑골문은 기원전 14세기에서 기원전 11세기 은(殷)/상(商)나라 후기까지 통용되었던 가장 오래된 한자 자체이다. 이것은 '거북의 배딱지(龜甲)'이나 '소 등 짐승의 어깨뼈 또는 넓적다리뼈(獸骨)'에 칼끝으로 새겼기 때문에 '갑골문'이라고 부른다. 1899년 중국 하남성(河南省) 안양현(安陽縣) 소둔촌(小屯村)의 은허(殷墟 : 은나라의 옛 도읍지터)에서 최초로 발견되어 '은허문자(殷墟文字)'라고도 하고, 그 내용이 대부분 길흉을 점친 기록들이어서 '복사(卜辭)'라고도 부른다. 지금까지 발굴된 17만여 개의 갑골조각에는 각각 단 몇 개의 글자에서 90여 개의 글자까지 새겨져 있다. 현재까지 파악한 총 자수는 4,500여 자인데, 그 중에서 인명이나 지명 등을 제외하고 지금까지 해독된 글자는 1,700자 정도이다. 갑골문은 회화성(繪畫性)이 강한 상형자, 지사자, 회의자가 대다수를 차지하지만, 형성자와 가차자도 있다. 갑골문의 필획은 대체로 섬세하고 곧은 편이며, 글자모양은 전체적으로 가늘고 긴 수직형태이다. 글자의 형체가 고정되지 않아 같은 글자라도 쓰는 방법이 하나가 아닌 경우가 더러 있다.

② 금문(金文)

금문은 청동기(靑銅器)에 새겨진 한자 자체이다. 금문은 주(周)나라 때 통용된 대표적 문자로 글자 구성면에서는 갑골문과 큰 차이가 없다. 주나라 시대의 유물에서 가장 많이 발견되지만, 그 이전 왕조인 은나라와 후대인 한대(漢代)의 것도 일부 남아 있다. 거푸집에 글자를 새겨 넣어 주조한 청동기물 중에서 대표적이며 가장 흔한 악기(樂器)인 '鐘'과 예기(禮器)인 '鼎'의 이름을 따서 '종정문(鐘鼎文)'이라고도 부른다. 이러한 금문으로 된 글을 '명문(銘文)'이라고 한다. 현재까지 파악한 총 자수는 4,000여 자인데, 그 중에서 지금까지 해독된 글자는 2,500자 정도이다. 금문은 갑골문을 기초로 발전한 자체로, 글자의 일부가 선이나 부호로 변하여 상형성이 많이 줄어들었다. 금문의 필획은 갑골문에 비하여 둥글고 굵으며 글자모양도 크지만, 서주(西周) 후기부터는 글자모양이 가늘고 긴 수직형태를 보이며 어느 정도 정형화되었다.

③ 전서(篆書)

전서는 '대전(大篆)'과 '소전(小篆)'으로 나뉘지만, 주로 전서의 대표인 소전을 가리킨다. '대전'은 금문을 기초로 하여 나타난 자체로, 주나라 태사(太史) 사주(史籀)가 만들어 전국시대(戰國時代) 진(秦)나라에서 통용되었다. 진전(秦篆)이라고도 하는 '소전'은 진(秦)나라 승상 이사(李斯) 등이 대전을 간화시켜 만든 새로운 문자로 진나라 때 통용된 표준서체이다. 갑골문과 금문이 국가적 차원의 한자 자체인 반면에, 춘추전국시대(春秋戰國時代)에는 각 제후국(諸侯國)에서 사용하는 한자 자체가 서로 달랐다. 특히 진(秦)나라의 서토문자(西土文字)와 연(燕)·초(楚)·제(齊)·조(趙)·위(魏)·한(韓) 등 육국(六國)의 동토문자(東土文字) 사이에는 많은 차이가 있었다. 진시황(秦始皇)은 육국을 통일한 후에 소전을 표준서체로 삼는 문자규범화 정책인 '서동문(書同文)' 정책을 전국적으로 시행하였다. 이러한 문자규범화 정책으로 한자의 체계는 소전으로 통일되었으며, 그 결과 소전은 표준서체로서의 지위를 갖게 되었다. 소전은 진(秦)나라와 서한(西漢) 중기까지 비교적 짧게 통용된 후 예서(隸書)로 대체되었다. 소전은 상형성이 줄어들고 부호화는 더 강화되었으며, 필획은 길게 이어졌다. 대다수의 소전은 자형이 대폭 간화되고 쓰는 법이 고정되었으며, 필획이나 편방을 쓰는 방법도 통일되었다. 글자모양은 둥글고 구불구불한 선이 수직형태를 이루어 전체적으로는 네모반듯해졌다. 동한(東漢) 시기에 허신(許愼)은 한자의 자원(字源)을 설명하는 중국 최초의 자전 『설문해자(說文解字)』를 바로 이 소전으로 썼다.

④ 예서(隸書)

예서는 소전에서 변화 발전된 한자 자체이다. 예서의 횡(橫 : 가로),

수(竪 : 세로), 별(撇 : 왼쪽 삐침), 날(捺 : 오른쪽 삐침), 점(點 : 점), 구(勾/鉤 : 갈고리), 절(折 : 필획방향이 중간에 꺾임) 등의 필획은 모두 소전에서 유래한 것이다. 예서는 정막(程邈)이라는 사람이 죄수로 수감 중에 10년을 연구하여 만들어 진시황에게 바친 3,000자에서 유래한 자체라고 전해진다. 하지만 일반적으로는 진나라의 가혹한 형벌 통치하에서 죄수들을 다루는 관리들이 쉽고 간편하게 문서를 처리하기 위해 고안해낸 자체라고 알려져 있다. 한자의 자체 변천에서 가장 큰 변화를 이룬 예서는, 둥글고 구불구불한 선이 수직형태를 이룬 소전과는 달리 곧게 구부러지는 필획으로 전체적인 글자모양이 납작한 네모모양으로 변하였다. 예서는 곡선의 회화적 요소가 남아 있던 소전에서 완전히 벗어나 직선의 기호적 성질을 지닌 글자체로 정착되었다. 또한 예서가 나오기 전까지의 역대 한자 자체와는 달리 점(點)이 획의 하나로 처음 쓰였으며, 한자의 상형성이 완전히 사라지고 필획도 간단해져서 쓰는 속도가 매우 빨라졌다.

⑤ 해서(楷書)

해서는 후한(後漢) 말기부터 사용되기 시작하여 위진남북조(魏晉南北朝)시대 이후부터 지금까지 통용되는 1,700년 정도의 역사를 가진 한자 자체이다. 동진(東晉)의 왕희지(王羲之)와 당대(唐代)의 구양순(歐陽詢), 안진경(顔眞卿) 등과 같은 걸출한 서예가들이 나오면서 그들 이름의 서체명칭이 생길 정도로 자체의 전형이 완성되었다. '楷'자는 '모범, 본보기, 표준'을 의미한다. 즉 표준으로 삼을 만한 규범화된 자체라는 의미에서 '해서'라고 하였다. 예서를 기초로 하여 발전된 것이지만, 글자의 전체적 윤곽이 납작하게 가로로 퍼진 예서체에 비해 세로로 모인 형상을 지녀 정사각형 모양에 가까워짐으로써 더욱 안정된 자체로 변하였다. 해서는 간단하여 쓰기 쉽고 글자의 구별도 쉬울 뿐만 아니라 자연스럽고 반듯하여 지금까지도 표준서체로 자리 잡고 있다.

⑥ 초서(草書)

초서는 한대(漢代)에 나와 예서, 해서와 동시에 통용되었던 보조적인 성격을 띤 한자 자체이다. '거칠고 단정하지 못하다(草率)'는 의미에서 유래한 초서는 간략하고 자유로우며 극도로 흘려 쓰는 경향을 보인다. 예서나 해서와 같은 규범화된 서체를 쓰는 데 많은 정성과 시간이 필요한 점을 극복하고 보다 간편하고 신속하게 쓰려는 목적에서 나온 초서는, 특징에 따라 장초, 금초, 광초로 구분한다. 장초(章草)는 예서에서 발전한 서체로 예서의 구조와 형태를 지니고 있다. 필획이 끊기기도 하고 이어지기도 하지만 글자 크기가 대체로 고른 편이어서 식별하기 어렵지 않다. 초기의 해서를 빨리 쓴 동진(東晋)시대의 금초(今草)는 한 글자에서 필획의 마무리가 끊어지지 않고 이어지며, 글자와 글자사이가 서로 이어지기도 한다. 글자의 크기가 고르지 않고 모양은 길쭉한 형태로 필획과 쓰는 법이 간단하여 빨리 쓸 수가 있다. 같은 글자라도 쓰는 방법이 여러 가지 나오다보니 식별이 어려워져 실용적인 면보다는 예술적으로 감상하는 데 그 가치를 두게 되었다. 광초(狂草)는 한대(漢代) 장지(張芝)가 창시하고 당대(唐代)에 유행한 서체로, 금초를 기초로 필획을 마음대로 증감하여 심하게 흘려 쓴 것이다.

⑦ 행서(行書)

행서는 해서와 초서의 단점을 보완하여 만들어진 한자 자체이다. 행서는 해서를 흘려서 필획을 정연하게 연이어 쓴 자체로 해서와 초서의 중간형태를 띠고 있다. 한자 자체의 변천과정에서 초서가 필획수가 가장 적고 흘려 쓴 형태이기 때문에 가장 마지막 단계의 자체로 보일 수도 있지만, 실제 가장 후대에 나온 자체는 행서이다. 행서는 해서를 흘려 쓴 것이지만 나름대로 규칙성을 지니고 있다. 필획을 정연하게 연이어 쓰지만 글자마다 독립적이어서 알아보기 쉽고, 글자형태가 단순하고 글씨 쓰기가 간편하여 해서와 초서의 장점을 모두 갖추고 있다. 이 때문에 행서는 실용적 가치가 매우 높아 사람들이 가장 널리 사용하는 한자 자체가 되었다.

(3) 통용한자와 상용한자

중국 역대의 대표적인 자전(字典)에 수록된 한자의 총수는 지속적으로 늘어났다. 중국 최초의 자전인 한대(漢代)의 『설문해자(說文解字)』에 9,353자이던 한자가 청대(淸代)의 『강희자전(康熙字典)』에는 47,043자로 대폭 늘어났다. 한자는 현대에 와서 『중화대자전(中華大字典)』에는 44,908자, 『한어대자전(漢語大字典)』에는 54,678자, 『중화자해(中華字海)』에는 87,019자까지 그 수가 늘어났다. 그러나 이는 고금자(古今字), 이체자(異體字), 번체자(繁體字), 간체자(簡體字) 등과 현재 사용되지 않는 사멸한 글자까지 모두 포함한 숫자여서 표면적인 총수에 불과할 뿐이다. 특히 위에서 예시한 자전은 당시에 널리 쓰이는 한자만을 수록한 것이 아니라, 고금의 문헌에 나오는 서로 다른 모양의 한자들도 누락시키지 않고 채록한 결과 한자의 총수가 이처럼 방대한 분량에 달하게 되었다. 현대의 각종 대자전(大字典)이 나오기 전까지 줄곧 성행하였던 『강희자전』의 경우, 수록된 47,043자 중에 이체자의 점유율이 거의 40%나 차지한다. 현대에 출판된 각종 대자전에는 지금은 거의 쓰이지 않는 사멸한 글자도 많은 분량을 차지하고 있고, 특히 간체자의 제정으로 자수가 다시 증가하였다.

한대부터 현대에 이르기까지 실제로 사용된 한자는 대략 10,000자를 넘어서지 않는다. 현대중국어에서 통상적으로 사용되는 한자를 '통용한자(通用漢字)'라고 한다. 중국 역대의 주요 문헌에서 통용된 한자의 수는 시대의 변천에도 큰 변화가 없이 대략 6,000자 이내였다. 현대에 들어와 새로운 어휘에 대한 수요가 증대되고 있음에도 불구하고, 통용한자는 거의 7,000자를 넘지 않는다. 통용한자 중에서도 현대중국어에서 일상적으로 자주 사용되는 글자인 '상용한자(常用漢字)'는 대략 3,000자 이내로 대폭 줄어든다. 조사에 따르면, 중국 현대 저명작가인 老舍의 장편소설 『낙타상자(駱駝祥子)』에 쓰인 한자의 수는 2,413자에 불과하다. 이는 사람들이 일상적으로 쓰는 한자가 매우 제한적인 범위에 집중되어 있음을 단적으로 말해준다. 또 상용한자의 사용빈도 통계에 따르면, 가장 널리 쓰이는 1,000자의 점유율이 90%나 되고, 2,400자 수준에 이르면 점유율이 무려 99%에 달한다. 그러다 보니 지금 중국에서는 한자를 상용자(常用字) 2,500자, 차상용자(次常用字) 3,500자, 통용자(通用字) 7,000자로 구분하고 정도에 맞는 규범화된 어문교육(語文教育)을 실시하고 있다.

현대중국어의 '상용한자'는 다음과 같은 몇 가지 특징을 지니고 있다.

① 일상적으로 가장 많이 사용된다. '的', '一', '是', '在', '不', '了', '有', '和', '人', '這', '那' 등이 일상적으로 가장 많이 사용되는 한자의 예이다.
② 조어(造語) 능력이 강하여 생산성이 높다. '電'자는 과학기술과 문명의 발달로 인해 그것이 포함된 단어가 무려 수백 개에 달한다.
③ 상대적으로 매우 안정된 생명력을 지니고 있다. 시대가 급속히 변하더라도 상용한자는 크게 달라지지 않는다.
④ 간체자의 경우, 글씨 쓰기가 매우 간편하다. 사용빈도가 높은 글자일수록 간화가 많이 되어 필획의 수가 적다.

3. 한자의 개혁과 간화

(1) 한자의 개혁과 간화(簡化)

한자는 오랜 기간 동안 기본적으로 '네모덩어리 모양의 글자' 원형을 유지해왔지만, 내부적으로는 기호화와 간략화의 과정을 통한 많은 형태변화가 있어왔다. 발생 초기에는 도화문자의 성격이 강하던 것이 상형문자로 변화하고, 둥글고 복잡한 곡선에서 직선의 간략한 필획으로 발전한 것이 대체적 변천과정이다. 한자는 전통 중국사회에서 갑골문, 금문, 전서, 예서, 해서, 초서, 행서 등의 다양한 자체 변천을 거치는 과정 속에서도 간략화한 글자가 전혀 없지는 않았다. 하지만 그것은 어디까지나 한자 모양과 자체의 자연스런 변화 발전의 결과였지 인위적인 개혁은 아니었다. 반면에 1949년 중화인민공화국이 건국되고서 한자의 규범화와 간략화가 '국가어문정책(國家語文政策)'의 차원에서 대대적으로 이루어졌다. 1950년부터 시작된 의식적인 한자 개혁 사업은 1952년 '중국문자개혁연구위원회'의 성립과 함께 연구와 수정 단계에 들어갔고, 1956년 1월 중국 국무원(國務院)은 515자의 간화자(簡化字)와 54개의 간화편방(簡化偏旁)으로 이루어진 「한자간화방안(漢字簡化方案)」을 공포하였다. 뒤에 시험적 운용과 국가의 규정에 따라 간화자와 간화편방을 편방으로 하여 만들어진 간화자를 보태어 새롭게 정리한 뒤, 1964년 3월 「간화자총표(簡化字總表)」를 제정 공포하고, 1986년 10월에 또 약간의 수정을 가하였다.

중국문자개혁위원회가 편찬한 「간화자총표」(1986년 수정판)는 세 개의 표로 구성되어 있는데, 그 속에 총 2,235자의 간화자가 들어 있다. 첫째 표는 독립적으로만 쓰이고 다른 글자의 편방으로는 쓰이지 않는 간화자 350자이다. 둘째 표는 독립 글자이지만 다른 글자의 부분으로도 쓰이는 간화자 132자와 독립 글자로 쓰이지 못하고 다른 글자의 편방으로만 쓰이는 부수(部首) 14종이다. 셋째 표는 둘째 표의 간화자와 간화부수를 응용하여 편방으로 삼아 유추해낸 간화자 1,753자이다. 이 2,235개의 간화자는 간화 이전에 각 글자의 평균 획수가 16.1획이던 것이 간화 이후에 10.3획으로 대폭 줄어들었다. 간화된 글자가 대부분 상용한자로 사용빈도가 매우 높다는 점에서, 간화자는 한자를 쓰는 시간과 노력을 대대적으로 절감시켰다.

간화자는 '간화한자(簡化漢字)' 또는 '간체자(簡體字)'라고도 부른다.

중국에서 필획이 많고 복잡한 정자체(正字體)를 간략히 줄여 만든 자체로 '중국식 약자'이다. 현재 중국에서는 '간체자'라는 말이 널리 통용되면서, 그 이전의 정자(正字)는 상대적으로 '번체자(繁體字)'라고 부르고 있다. 한국과 일본에도 예전부터 사용하던 한자 약자(略字)가 있어 왔는데, 중국의 간체자와 같은 것도 있지만 그 형태가 다른 것이 더 많다. 중화민국(中華民國)을 계승하고 있는 대만(臺灣)에서는 여전히 정자인 번체자를 쓰고 있지만, 현재 대만을 제외한 전 세계 대부분의 중국인들은 간체자 교육을 받았기 때문에 정자를 제대로 알지 못한다. 근 반세기 동안 간체자의 국가 정책적 교육과 보급에 따라 날이 갈수록 정자를 모르는 현상이 지속되고 있다. 하지만 중국의 고속성장에 따른 국제적 위상이 날로 높아짐에 따라 현재 간체자가 한자를 대표하는 표준자체로 자리 잡고 있다.

(2) 한자의 간화 방법

한자를 간화(簡化)하는 주된 목적은 필획을 줄여 누구나 쓰기 편하도록 하려는 것이다. 동일한 글자의 번체자와 간체자를 대조해보면 한자의 간화 방법을 어느 정도 파악할 수 있다. 한자의 간화 방법을 개괄적으로 정리하여 소개하면 다음과 같다.

① 고체자(古體字) 중에서 필획이 간단한 것을 채택한다.

從 - 从, 衆 - 众, 禮 - 礼, 無 - 无 (모두 『설문해자』에 나옴)

② 초서(草書)를 해서화(楷書化)하는 방법으로 간화한다.

書 - 书, 爲 - 为, 東 - 东, 學 - 学, 專 - 专, 農 - 农, 興 - 兴

③ 필획을 대량으로 줄여서 원래 글자의 윤곽만 남긴다.

魚 - 鱼, 變 - 变, 莊 - 庄, 燭 - 烛, 傷 - 伤, 龜 - 龟, 當 - 当, 蘇 - 苏

④ 간단한 부호로 번체자의 일부분을 대체한다.

觀 - 观, 戲 - 戏, 區 - 区, 歲 - 岁, 羅 - 罗, 劉 - 刘, 齊 - 齐, 這 - 这
對 - 对, 風 - 风, 鄧 - 邓, 趙 - 赵, 漢 - 汉, 聯 - 联, 邊 - 边, 鷄 - 鸡

⑤ 간단한 부호로 전체 글자를 대체한다.

義 - 义, 頭 - 头, 聽 - 听, 靈 - 灵, 蘭 - 兰, 竈 - 灶, 衛 - 卫, 塵 - 尘

⑥ 자형의 일부분을 취하여 전체를 대표한다.

術 - 术, 豐 - 丰, 醫 - 医, 習 - 习, 婦 - 妇, 隨 - 随, 號 - 号, 競 - 竞
麽 - 么, 奪 - 夺, 齒 - 齿, 廣 - 广, 産 - 产, 傘 - 伞, 縣 - 县, 穩 - 稳

⑦ 필획이 간단하면서 음이 같거나 비슷한 글자로 교체한다.

幾 - 几, 後 - 后, 繫 - 系, 醜 - 丑, 穀 - 谷, 瞭 - 了, 鬆 - 松, 鬱 - 郁

⑧ 형성자의 '소리부(聲符)'를 필획이 간단한 다른 자로 대체한다.

億 - 亿, 憶 - 忆, 優 - 优, 猶 - 犹, 遷 - 迁, 燈 - 灯, 態 - 态, 郵 - 邮
價 - 价, 階 - 阶, 種 - 种, 僅 - 仅, 潔 - 洁, 運 - 运, 遠 - 远, 園 - 园

⑨ 형성자에서 불필요한 편방을 없앤다.

錶 - 表, 麵 - 面, 錄 - 录, 捨 - 舍, 務 - 务, 類 - 类, 鬍 - 胡, 製 - 制

⑩ 편방의 필획을 줄이고, 이를 바탕으로 다른 글자를 유추한다.

煉 - 炼, 鍊 - 炼, 練 - 练, 僑 - 侨, 橋 - 桥, 驕 - 骄, 矯 - 矫

(3) 간체자 사용에 대한 유감(遺憾)

십여 년 전 국내 모 일간지의 문화면에 앞으로 우리나라 도로 표지판에 한자를 병기할 경우, 우리가 쓰는 한자 정자체를 쓸 것인지 중국이 현재 쓰고 있는 간체자를 쓸 것인지를 두고 대립된 의견이 실린 것을 보았다.

중국은 1956년부터 국가정책의 일환으로 기존의 정자체(正字體) 한자인 번체자(繁體字)를 간화(簡化)하여 만든 한자, 즉 '간화자' 또는 '간체자'라 불리는 한자를 그들의 공식문자로 사용하고 있다. 일찍이 중국의 대문호 노신(魯迅)은 1920년대에 자국의 문자인 한자를 두고 배우고 쓰기가 어려워 "우민정책의 이기(愚民政策的利器)"라고 까지 폄하한 적이 있다. 당시 중국의 한자는 수와 필획이 많을 뿐만 아니라 구조마저도 복잡하기 때문에 '쓰기 어렵고(難寫)', '이해하기 어려우며(難認)', '기억하기 어려워(難記)' 중국이 표방하는 사회주의 건설 사업에 적합하지 않다는 문자 개혁파들의 주장이 받아들여졌다. 그 결과 1954년 중국 국가문자개혁위원회(國家文字改革委員會)를 발족시키고, 이듬해에 제1회 전국 문자개혁회의와 한어(漢語) 규범화 학술회의를 개최하여 전 국민이 쓰기 편리한 「한자간화방안(漢字簡化方案)」을 제시하였다. 연이어 1956년 1월 국무원(國務院) 전체회의에서 이 방안이 통과되자 곧바로 『인민일보(人民日報)』에 공포하였다. 그 후 2,236자

(1986년 수정판 : 2,235자)를 기본으로 하는 「간화자총표(簡化字總表)」를 공포하고 국무원의 비준을 받아 지금까지 간체자를 사용하고 있다. 지금 중국 외에도 싱가포르에서 간체자를 공식 한자로 채택하여 쓰고 있지만, 대만(臺灣)과 기타 일부 화교(華僑) 권역에서는 아직도 번체자를 사용하고 있다.

한자가 중국의 고유문자인 것은 분명한 사실이지만 적어도 세종대왕이 한글을 창제 반포하기 전인 15세기 중엽까지는 우리 민족도 한자와 한문을 써 왔다. 한글 반포 이후부터 지금까지도 한자는 우리의 언어와 문자생활에 막대한 영향을 미치며 밀접한 관계를 맺어왔다. 당시 항간에 논쟁이 되었던 각종 안내 표지판의 한자 병기 문제는 사실 먼저 한국어의 한자 표기인지 아니면 중국어 표기인지 분명한 기준이 있어야 했다. 개인적으로는 일반적인 안내 표지판의 경우 우리 국어의 한자 표기면 충분한데 굳이 중국어로 표기할 필요까지는 없다고 본다. 설사 중국어로 표기하더라도 더더욱 그 표기에 있어서 우리가 쓰고 있는 한자 정자체가 아닌 중국의 간체자 표기는 신중하게 생각하고 결정할 문제이다.

그러나 오늘날의 실상은 그렇지 않다. 현재 국내 각종 안내 표지판에는 우리가 쓰는 한자어 표기와 중국어 번체자 또는 간체자 표기가 엉망진창으로 뒤섞여 있다. 한자 표기가 중국인 관광객을 위한 국가관광정책에서 출발하였다면 각종 안내 표지판을 '국어-영어-중국어'로 통일하여 표기하면 별 문제가 없다. 하지만 현재 우리가 쉽게 볼 수 있는 각종 안내 표지판의 실상은 전혀 그렇지 못하다. 우리가 기존에 쓰던 한자 표기에 우리 대다수의 국민조차도 알지 못하는 간체자가 뒤섞여있어 우리의 문자생활에 심각한 문제를 초래하고 있다. 각종 안내 표지판은 국제적인 관례대로 로마자 병기 내지는 영어로만 표기해도 대부분의 외국인이 알아볼 수 있다. 아무리 중국인 관광객을 위한 친절한 배려에서 비롯된 한자 병기라고 하더라도 우리가 쓰는 한자가 아닌 중국에서만 쓰는 간체자를 써야 할 이유는 없다.

1992년 8월 중국과의 수교 이후에 나온 국내의 각종 중국어 사전 및 교재도 대부분 간체자를 채용하고 있고, 심지어는 고등학교 중국어 교과서조차도 전부 간체자를 채용하고 있는 실정이다. 현대중국어의 학습이라는 측면에서 간체자의 학습과 사용은 필수적이겠지만, 우리가 쓰는 한자의 정자도 제대로 읽고 쓰지 못하면서 간체자의 사용을 고집하는 것은 심각한 문제가 아닐 수 없다. 현재 국내 대학의 중국어문학 관련 학과에서도 교수들의 요구와는 달리 대다수의 학생들이 우리 한자를 정확하게 읽고 쓰지도 못하면서 중국 간체자를 먼저 학습하고 애용하는 경향이 있다. 지금 전 국민이 간체자를 쓰고 있는 중국에서는 정자인 번체자를 쓰는 대만과는 달리, 인문학을 전공하는 학부생, 대학원생들조차도 번체자로 된 자국의 고문헌(古文獻)을 제대로 해독하지 못하는 기현상이 나타나고 있다. 한자를 정자로 표기할 것인지 중국 간체자로 표기할 것인지 결정할 문제는 기존의 '한글 전용'과 '국한문 혼용'처럼 첨예하게 대립된 주장과는 그 성질이 다르다.

앞으로 이러한 문제를 해결하기 위해서 궁극적으로는 우리나라를 포함한 중국, 대만, 싱가포르, 일본 등 한자문화권의 중심 국가들이 정책적으로 한자를 통일 규범화하여 사용하면 된다. 하지만 각 나라의 역사와 문화적 차이로 인해 한자를 통일 규범화하는 작업이 현실적으로는 대단히 어려운 문제이다. 따라서 저마다의 전통과 현실을 잘 조화하여 고유의 문자 체계를 형성하고 발전시켜나가는 것이 최선의 해결책이다. 우리가 줄곧 써 왔던 정자 위주의 한자를 먼저 알고 필요한 경우에 한해서 중국이 현재 쓰고 있는 간체자를 이해하는 것이 바른 순서이다. 국가의 한자교육 또한 우리 고유의 바탕 위에서 부분적으로 외래의 것을 수용하는 것이 바람직하다고 본다. 간체자의 무분별한 사용은 우리의 일상 문자생활에 있어서 혼동만 초래할 뿐 아니라 인근 한자문화권 국가들과의 상호 이해와 교류의 증진에도 큰 도움이 되지 않는다. 혹자는 "한국인의 한자 지식으로는 이백(李白)의 시는 읽을 수 있어도 중국의 간판과 도로 표지판은 읽을 수 없다"고 간체자의 필요성을 주장하기도 한다. 중국의 간판이나 도로 표지판을 읽기 위해서는 현대중국어와 간체자를 학습하면 그만이다. 하지만 이백의 시나 우리 조상들이 남긴 우수한 문화유산을 이해하기 위해서는 우리가 줄곧 써 왔던 한자를 제대로 알지 않으면 안 된다.

십여 년 전 국내 모 대학에 초빙되어 온 어느 중국인 교수가 국내 모 일간지의 독자란에 "김포공항에 있는 모든 안내문이 한국어에서의 한자거나 한국식 중국어이므로 진짜 중국인은 알아보기 어려우니 12억이 넘는 중국인들과 홍콩, 대만, 싱가포르 등 중국어를 사용하는 사람들에게 편의를 제공하기 위해선 표준화된 정확한 현대중국어를 사용하길 바란다."는 의견을 제시한 적이 있다. 한자어 안내문을 그가 예시한대로 우리나라 공항에서 중국어로 게시하면서 '到着乘客出口', '約束場所', '地下鐵驛', '昇降機', '公衆電話', '宿泊', '化粧室', '空港' 등으로 표기했다면 정말 문제가 있다. 하지만 이러한 표기는 중국인을 위해서 중국어로 표기한 것이 아니라, 한자문화권 국가의 외국인들에게 두루 편의를 제공하려는 점이 충분히 감안된 우리가 사용하는 한자어를 한자로 표기한 것이다. 당시에 우리가 외국에서 그러했듯이 그들도 우리나라에서 여행하고 생활하려면 한국어는 모르더라도 같은 한자문화권의 국가에서 한자를 수용하여 일상생활 속에서 어떻게 발전, 변화, 정착시켜 사용하고 있는지 관심을 갖고 배워야 할 것이다.

세상은 변해도 참으로 많이 변했다. 지금은 공항뿐만 아니라 전국 어디를 가더라도 각종 안내 표지판에 중국어, 그것도 대다수의 국민이 알지 못하는 간체자로 친절하게 표기되어 있는 것을 쉽게 볼 수 있다. 이것이 바로 부정할 수 없는 중국의 힘이다. 간체자를 병기한 이들 표지판을 보며 모든 면에서의 국제화, 세계화란 우리가 중심이 되어 우리 고유의 가치를 스스로 인정하고 지키는 바탕 위에서 지향할 수 있으면 더 좋겠다는 생각이 든다.

제4장
중국어의 어휘

1. 어휘의 특징

단어(單語)는 모두 나름대로의 의미를 지니고 독립적으로 운용되는 최소의 언어단위이다. 현대중국어에서 거의 모든 단어(詞)는 음과 의미 두 가지를 갖고 있다. 단어는 독립적으로 운용되는 가장 작은 언어단위이다. 즉 단독으로 문장성분이 될 수 있거나 문장에서 구조관계를 나타낼 수 있다.

어휘(語彙)는 특정한 언어체계가 가지는 어휘소(語彙素) 또는 어휘항목(語彙項目)을 통칭한다. 현대중국어에서 어휘는 단어와 구를 총괄하며, 형식이 비교적 고정된 성어(成語), 관용어(慣用語), 속담(俗語/諺語), 헐후어(歇後語) 등의 숙어성 고정구도 어휘에 속한다. 「제1장 중국어의 특성」에서 이미 설명하였지만 현대중국어 어휘의 주요 특성을 다시 정리하면 다음과 같다.

① 현대중국어의 형태소는 대다수가 단음절(單音節)이다

일부 예외는 있지만 하나의 음절이 하나의 형태소로서 나름대로의 의미를 나타낸다. '漢語'나 '語法'이라는 단어는 모두 두 개의 음절로 이루어졌으며, 각각의 음절은 곧 하나의 형태소에 해당한다.

② 현대중국어의 어휘는 대다수가 이음절어(二音節語/雙音節詞)다

고대중국어에서 단어는 주로 단음절이었지만 나중에 대부분 이음절어로 변했다. 일부 단음절어(單音節語/單音節詞)를 제외하면 대부분이 다음절어(多音節語/多音節詞)이고, 다음절어 중에서도 대다수가 이음절어이다.

③ 현대중국어의 단어구조는 이음절화 경향을 강하게 드러낸다

이런 경향은 고대중국어의 단음절어가 이음절어로 대체되거나, 뜻이 같거나 유사한 글자가 결합하여 이음절어의 구성성분으로 변하며, 다음절어가 이음절어로 축약되거나, 다음절 외래어가 이음절어로 대체되는 현상 등에서 잘 나타난다.

④ 현대중국어는 어휘가 상당히 풍부하고, 단어 구성방식이 다양하다

어근의 다양한 합성이나 부가 방법, 어근의 앞뒤에 접사를 붙여 단어를 파생시키는 방법, 어근을 중첩시키는 방법, '경성화'하는 방법, '권설음화'하는 방법 등 각종 방식으로 새로운 단어를 만들어낸다.

⑤ 현대중국어는 어휘의 출처가 풍부하고 다양하다

현대중국어에는 각 시대별로 전해져 내려오는 대량의 문장어 어휘뿐 아니라 새로운 의미를 지닌 외래어와 신조어 및 유행어, 또 생동감 있고 표현력이 뛰어난 방언 어휘들이 끊임없이 흡수되어 어휘를 풍부하게 하고 있다.

2. 단어의 구조

(1) 형태소(語素/詞素)

형태소는 언어에서 소리와 의미가 결합된 가장 작은 어법단위이다. 모든 단어는 하나 또는 그 이상의 형태소로써 구성된다. 그러나 형태소는 독립적으로 운용되는 것이 아니라, 단어를 구성하는 최소의 조어단위(造語單位)이다. 형태소를 조어단위라고 하는 이유는 이것이 단어로부터 분석되어져 나온 것임과 아울러 단어를 구성하는 데만 쓰일 뿐, 결코 단어 속에서 의미를 갖고 직접 문장을 구성할 수 없기 때문이다. 예를 들면, '語言'이란 단어에서 '語'와 '言'은 각각 현대중국어에서 독립적으로 문장의 구성성분이 될 수 없고, 단어를 만드는 형태소로만 작용한다. 형태소는 결합형식의 특징에 따라 자립형태소와 비자립형태소 및 접사형태소로 나뉘고, 음절의 개수에 따라 일음절형태소와 다음절형태소로 나뉜다.

① 자립형태소(自由語素)

자립형태소는 단독으로 단어가 될 수 있고, 다른 형태소와 결합하여 단어가 되기도 한다. 예를 들면, '人', '書', '高'는 단독으로 단어가 될 수 있고, 다른 형태소와 결합하여 '人民', '書店', '高級'처럼 단어가 되기도 한다.

② 비자립형태소(不自由語素)

'의존형태소'라고도 하는 비자립형태소는 단독으로는 단어가 될 수 없고, 반드시 다른 형태소와 결합해야만 단어가 된다. 예를 들면, '語'와 '言'은 각각 단독으로 단어가 될 수 없고, '語+言', '言+語', '語+法', '言+論'처럼 반드시 다른 형태소와 결합해야만 단어가 된다.

③ 접사형태소(詞綴語素)

접사형태소는 단어의 의미를 나타내는 핵심 부분인 어근(語根)에 덧붙여져서 부가적인 어휘 의미를 나타낸다. 접사형태소는 단독으로 단어가 될 수 없고, 다른 형태소와 결합하여 복합어를 구성할 수 있다. 비자립형태소와 다른 점은 항상 다른 형태소의 앞이나 뒤에만 고정적으로 있어야 하는 것이다. 어근의 앞에만 나오는 형태소를 '접두사(前綴)'라고 하고, 어근의 뒤에만 나오는 형태소를 '접미사(後綴)'라고 한다. 예를 들면, '老虎'의 '老'는 접두사이고, '桌子'의 '子'는 접미사이다. 현대중국어에서 자주 쓰이는 접두사로는 '老', '第', '初', '阿' 등이 있고, 접미사로는 '子', '兒', '頭', '家' 등이 있다. 이 외에도 '糊裏糊塗', '肮裏肮臟', '土裏土氣'에서의 '裏'와 같이 어근형태소 사이에 나오는 접사를 '접요사(中綴)'라고 한다. 대부분의 자립형태소와 비자립형태소는 어휘적 의미를 갖는 실사소(實詞素)이지만, 접사형태소는 자립형태소와 비자립형태소에 비해 상대적으로 그 어휘적 의미가 약하며, 주로 문법적 의미만 갖는 허사소(虛詞素)이다.

④ 일음절형태소(單音節語素)와 다음절형태소(多音節語素)

중국어는 단음절어의 성격이 강하기 때문에 최소한 하나의 한자가 하나의 단어인 동시에 하나의 형태소가 되는 경우가 많다. 중국어의 형태소는 '人', '書', '語', '言'처럼 거의 대부분이 일음절형태소이다. 하나의 형태소는 최소한 하나의 음절을 갖지만, 접미사 '兒'은 예외이다. '畵兒', '花兒', '歌兒'은 모두 형태소가 두 개이지만 음절은 'er화운'을 나타내는 '兒'을 제외하고 한 개로 간주한다. 다음절형태소는 '咖啡', '巧克力', '奧林匹克'처럼 하나의 형태소가 두 개 또는 그 이상의 음절로 이루어진 형태소이다. 다음절형태소에서 각각의 음절을 하나씩 떼어내면 그 음절들은 아무런 의미도 없다. 하나의 형태소는 적어도 하나의 의미를 갖고 있어야 하는데, 이 의미가 구체적인 의미이든 추상적인 어법 의미이든 관계없지만 어떤 의미도 갖고 있지 못하면 형태소가 될 수 없다. 예를 들면 '窈窕', '葡萄', '玻璃'는 각각 하나의 단어이며, 하나의 형태소이다. 중국어에서 '窈'와 '窕', '葡'와 '萄', '玻'와 '璃'는 각각 단독으로 쓰이면 아무런 의미를 갖지 못하므로 형태소가 될 수 없다.

(2) 단어의 구성방식

단어는 내부의 구성과 단어를 구성하는 형태소의 개수에 따라 단순어와 합성어로 나뉜다. 단순어(單純詞)는 하나의 형태소로 이루어진 단어이다. 단순어는 '天', '地', '吃', '喝'처럼 일음절로 이루어진 것도 있고, '咖啡', '巧克力', '奥林匹克'처럼 다음절로 이루어진 것도 있다. 다음절 단순어는 다음 몇 가지로 나뉜다.

① 연면어(連綿詞)

연면어는 고대중국어에서 전해 내려오는 이음절 단순어이다. 구성하는 두 개의 음절은 음성 특징에 따라 다음 세 가지로 나눌 수 있다.

쌍성연면어(雙聲連綿詞) : 두 음절의 성모가 같은 연면어.

參差 cēncī, 惆悵 chóuchàng, 恍惚 huǎnghū, 仿佛 fǎngfú

淋漓 línlí, 伶俐 língli, 澎湃 péngpài, 忐忑 tǎntè, 蜘蛛 zhīzhū

첩운연면어(疊韻連綿詞) : 두 음절의 운모가 같은 연면어.

從容 cóngróng, 叮嚀 dīngníng, 爛漫 lànmàn, 霹靂 pīlì
逍遙 xiāoyáo, 洶湧 xiōngyǒng, 蟑螂 zhānglang
기타 연면어 : 芙蓉 fúróng, 蝴蝶 húdié, 囫圇 húlún, 馬虎 mǎhu

② 음역어(音譯詞)

음역어는 외래어를 원래의 발음대로 번역한 단순어이다.

咖啡 kāfēi, 雷達 léidá, 倫敦 Lúndūn, 沙發 shāfā
三明治 sānmíngzhì, 可口可樂 Kěkǒu kělè, 奧林匹克 Àolínpǐkè

③ 첩음어(疊音詞)

첩음어는 같은 음절을 중첩하여 만든 단순어이다.

彬彬 bīnbīn, 匆匆 cōngcōng, 姍姍 shānshān, 惺惺 xīngxīng

④ 의성어(擬聲詞/象聲詞)

의성어는 사물의 소리를 모방하여 만든 단순어이다.

哎喲 āiyō, 潺潺 chánchán, 叮噹 dīngdāng, 喀嚓 kāchā
隆隆 lónglóng

합성어(合成詞)는 두 개 또는 그 이상의 형태소로 이루어진 단어를 가리키며, 복합어, 중첩어, 파생어로 나뉜다.

① 복합어(複合詞)

복합어는 어근과 어근이 일정한 관계에 따라 구성된 합성어이다. 복합어는 형태소 간의 결합방식에 따라 다음 몇 가지로 나뉜다.

㉠ 연합식(聯合式)

의미가 비슷하거나 상반된 두 형태소가 연합 병렬되어 대등관계를 이루며, 때로는 비유적이고 추상적인 의미를 나타내기도 한다.

人民, 打擊, 疾病, 巨大, 歌唱, 語言, 智慧, 群衆, 圖畫, 窓戶, 山水
桃李, 頭腦, 骨肉, 心腹, 手足, 東西, 是非, 反正, 利害, 甘苦, 深淺

㉡ 수식식(偏正式)

전체 의미에 있어서 뒤 형태소의 의미가 중심이 되고, 앞 형태소의 의미는 뒤 형태소를 수식하거나 제한하다.

醫院, 校長, 年會, 南極, 一面, 四方, 棉布, 白菜, 牛角, 烤鴨, 紅旗
速記, 筆談, 飛行, 十全, 微笑, 狂歡, 熱戀, 深入, 火熱, 冰冷, 雪白

㉢ 주술식(主謂式)

앞 형태소는 서술대상이고, 뒤 형태소는 앞부분에 대한 서술이다. 앞 형태소는 대부분 사물이고, 뒤 형태소는 앞부분이 나타내는 사물의 동작, 행위, 성질, 상태를 나타낸다.

年輕, 民主, 國營, 膽大, 地震, 面熟, 手軟, 眼紅, 自願

㉣ 술목식(述賓式)

앞 형태소는 어떤 동작이나 행위를 나타내고, 뒤 형태소는 앞부분의 동작이나 행위가 지배하거나 관련되는 대상(목적어)을 나타낸다.

司機, 理事, 管家, 認輸, 保密, 動員, 關心, 放心, 着手

注意, 示威, 負責, 乾杯, 投票

㉤ 술보식(述補式)

앞 형태소는 어떤 동작이나 행위를 나타내고, 뒤 형태소는 동작이나 행위의 결과 또는 방향을 보충 설명한다. 앞 형태소가 중심이 된다.

說明, 提高, 改正, 推翻, 打倒, 充滿, 壓縮, 斷定, 降低

擴大, 放大, 縮小, 縮短, 延長

이 밖에도 앞 형태소는 사물을 나타내고, 뒤 형태소는 사물의 단위를 보충 설명하는 '술보식 복합어'가 있다.

書本, 物件, 房間, 紙張, 馬匹, 布匹, 花朵, 槍支, 車輛, 船隻, 人口

② 중첩어(重疊詞)

중첩어는 같은 어근이 중첩하여 이루어진 합성어이다.

爸爸, 媽媽, 爺爺, 奶奶, 哥哥, 弟弟, 姐姐, 妹妹, 寶寶

星星, 常常, 剛剛, 漸漸, 恰恰, 紛紛, 茫茫, 僅僅, 偏偏

③ 파생어(派生詞)

파생어는 어근과 접사(詞綴)가 결합하여 만들어진 합성어이다. 단어를 구성하는 형태소 중에서 적어도 하나는 접사형태소이다.

㉠ 접두사(前綴)+어근

阿-：阿姨, 阿哥, 阿妹, 阿婆

老-：老虎, 老師, 老鄕, 老百姓

第-：第一, 第二, 第五, 第十

初-：初一, 初二, 初三, 初八

㉡ 어근+접미사(後綴)

-子：椅子, 桌子, 日子, 騙子

-兒：花兒, 畵兒, 歌兒, 事兒

-頭：石頭, 木頭, 想頭, 念頭

-家：作家, 畫家, 專家, 文學家

-者：作者, 學者, 記者, 弱者

-化：美化, 簡化, 現代化, 全球化

(3) 단어의 분리(離合詞)

일부 술목구조의 합성어에는 중간에 다른 성분을 끼워 넣을 수 있는데, 이를 '이합사(離合詞)'라고 한다. 이합사는 동사성 형태소와 주로 명사성 형태소(경우에 따라서는 형용사성, 동사성 형태소)가 결합되어 '술목식 단어'처럼 인식되는 동사 복합어이다.

① 동사성 형태소 + 명사성 형태소의 이합사

罷工, 幫忙, 報仇, 畢業, 參軍, 操心, 辭職, 道歉, 放假, 放心
革命, 化裝, 見面, 結婚, 勞駕, 理髮, 錄音, 請假, 散步, 上課
生氣, 睡覺, 說話, 挑戰, 跳舞, 握手, 照相

② 동사성 형태소 + 형용사성 형태소의 이합사

保密, 乘凉, 發愁, 認錯, 着凉

③ 동사성 형태소 + 동사성 형태소의 이합사

吃驚, 吃虧, 受驚, 受騙, 聽說, 造反

④ 이합사의 문법적 특징

이합사의 문법적 특징은 한 단어로 쓰일 수도 있으나, 경우에 따라서는 한 단어로 쓰이지 못하고 술어와 목적어로 각각의 역할을 한다. 이합사의 동사성 형태소는 일반 동사와 같이 동태조사나 보어(동작과 시간의 횟수나 양을 나타내는 성분) 등과 결합할 수 있고, 목적어도 관형어(한정하거나 수식하는 성분)와 같은 수식어를 가질 수 있다. 따라서 이합사는 뒤에 이중으로 목적어를 취할 수 없다.

幫忙：幫了忙, 幫着忙, 幫過忙, 幫一次忙, 幫別人的忙

上課：上了課, 上着課, 上過課, 上一節課, 上漢語會話課

生氣：生了氣, 生着氣, 生過氣, 生一小時氣, 生了我的氣

說話：說了話, 說着話, 說過話, 說了半天話, 說了一些話

3. 동의어, 반의어, 동음어

(1) 동의어(同義詞)

동의어는 의미가 같거나 비슷한 단어를 말한다. 동의어는 완전동의어와 불완전동의어로 나눌 수 있다.

① 완전동의어(等義詞)

완전동의어는 의미가 완전히 같은 것으로 어떤 상황에서든 바꾸어 쓸 수 있는 단어들이다.

大夫 - 醫生, 西服 - 西裝, 聯絡 - 連絡, 代替 - 替代, 互相 - 相互

② 불완전동의어(近義詞)

불완전동의어는 대략적인 의미나 사전적 의미는 같지만 부속 의미 또는 용법이 다른 단어들이다.

看－望 : '看'은 가까운 곳이나 먼 곳을 보는 것이고, '望'은 '登高遠望'에서처럼 먼 곳을 바라보는 것이다.

爸爸－父親, 媽媽－母親 : '爸爸'나 '媽媽'는 구어에서 편하게 쓰는 말이고, '父親'이나 '母親'은 문장어에서 비교적 정중하게 쓰는 단어이다.

(2) 반의어(反義詞)

반의어(反義詞)는 상반되거나 상대되는 의미를 가진 단어를 말한다. 반의어가 나타내는 의미는 '歡樂↔痛苦'처럼 상호 대립되고 모순되어야 한다. 또한 반의어를 이루는 두 개 또는 그 이상의 단어들은 동일한 범주에 속해야한다. 예를 들면, '長↔短'은 길이 범주에 속하고, '早↔晚'은 시간 범주에 속하며, '快↔慢'은 속도 범주에 속하는 반의어이다. 현대 중국어에서 상반된 의미를 나타내는 방법에는 여러 가지가 있다. '好'와 '不好', '高'와 '不高'는 의미상 상반되고 서로 대립적이지만, '不好'와 '不高'가 단어가 아닌 구이기 때문에 반의어로 간주할 수 없다. '好'의 반의어는 단어인 '壞'이고, '高'의 반의어는 단어인 '低'이다. 반의어는 완전히 상반된 양쪽을 가지고 있는 절대반의어(絶對反義詞)와 의미는 상반되지만 서로 배척하지 않는 상대반의어(相對反義詞)로 나눌 수 있다.

(3) 동음어(同音詞)

동음어(同音詞)는 음이 같으나 의미가 완전히 다른 단어를 말한다. '要'와 '藥'는 음이 yào로 같고, '坐'와 '做/作'는 음이 zuò로 같으며, '居留'와 '拘留'는 음이 jūliú로 같고, '數目'와 '樹木'는 음이 shùmù로 같은 동음어이다. 동음어는 전체 의미를 혼동케 하는 경우도 있다. '向前看(앞을 향해 보다)'이 듣기에 따라서 '向錢看(돈을 바라보다)'으로 혼동될 수도 있고, 의도적으로 그렇게 사용할 수도 있다. 그러나 현대중국어에서 동음어는 그다지 많지 않을 뿐더러 대부분은 전후 문맥을 통해 그 의미를 확실히 파악할 수 있다. '前'과 '錢'처럼 음이 같거나 비슷한 글자를 해음자(諧音字)라고 하는데, 중국어의 문화 교제에서 다양하게 활용되기도 한다. 해음자를 활용한 몇몇 중국어 특유의 문화 현상을 소개하면 다음과 같다.

年年有魚(해마다 생선) : 年年有餘(해마다 풍요롭다) '魚'와 '餘'는 해음자.

糕(설날에 먹는 떡) : 高(생활수준이 해마다 향상되다) '糕'와 '高'는 해음자.

福倒('복'자를 거꾸로 붙임) : 福到(복이 오다) '倒'와 '到'는 해음자.

傳袋(포대를 교체해서 깔다) : 傳代(대를 잇다) '袋'와 '代'는 해음자.

棗栗子(대추와 밤) : 早立子(일찍 아들을 두다) '棗'와 '早'는 해음자.

碎碎平安(그릇 따위를 깨뜨려서 평안하다) : 歲歲平安(해마다 평안하다) '碎'와 '歲'는 해음자.

分梨(배를 쪼개어 나누다) : 分離(헤어지다) '梨'와 '離'는 해음자.

4. 중국어 외래어와 신조어

(1) 중국어 외래어

외래어(外來詞)는 다른 국가나 민족의 언어에서 빌려온 단어를 말하며, 차용어(借用語)라고도 한다. 예를 들면, '駱駝'는 흉노족으로부터, '葡萄', '石榴'는 서역으로부터, '佛', '塔'는 산스크리트어(梵語)로부터, '車站'은 몽골어로부터, '沙發'는 영어로부터, '沙龍'은 프랑스어로부터, '拖拉機'는 러시아어로부터, '納粹'는 독일어로부터, '木乃伊'는 아랍어로부터 각각 차용한 외래어이다. 외래어를 차용하는 방식으로는 다음 몇 가지가 있다.

① 음역(音譯)

음역 외래어는 원래의 발음에 따라 중국어 음으로 옮긴 외래어이다.

沙發(sofa), 撲克(poker), 布丁(pudding), 邏輯(logic), 馬達(motor)
摩登(modern), 模特兒(model), 威士忌(whisky), 白蘭地(brandy)
倫敦(London), 華盛頓(Washington), 洛杉磯(Los Angeles)

② 음역(音譯) + 의역(意譯)

음역과 의역을 동시에 한 외래어는, 글자의 의미와 단어의 의미가 서로 연관성이 있다.

幽黙(humour), 引得(index), 引擎(engine), 俱樂部(club),
維他命(vitamin)

③ 반음역(半音譯) + 반의역(半意譯)

반은 음역으로 반은 의역으로 차용하거나 음역에다 의역을 더한 외래어이다.

啤酒(beer), 卡片(card), 芭蕾舞(ballet), 因特網(internet),
高爾夫球(golf), 劍橋(Cambridge), 艾滋病(AIDS),
奧林匹克運動會(Olympic Games)

④ 차형어(借形語)

한자 어휘가 풍부한 일본어에서 글자를 그대로 빌려와 중국어의 어휘로 사용하는 '차형어'도 일종의 외래어라고 볼 수 있다.

場合, 幹部, 話題, 集團, 景氣, 立場, 取締, 手續, 消極

(2) 중국어 신조어

신조어(新造詞/新詞語)는 현대 사회에서 새로운 사물이나 신개념을 나타내기 위하여 새롭게 만들어진 단어이다. 신조어는 기존의 형태소를 사용하여 중국어의 고유한 방식으로 만들어진다. 문화대혁명(文化

大革命)이 끝나고 개혁개방(改革開放)을 시작한 1980년대 이후부터 중국어에는 다음과 같은 신조어들이 대량으로 생겨났다.

① 사회생활의 새로운 현상을 표현한 신조어

跑官要官(관직/승진을 청탁하기 위해 뇌물/선물을 쓰고 다니다)

上崗(취직하다), 下崗(실직하다), 打工(아르바이트하다)

試婚(계약결혼), 單親(편모/편부), 二奶(첩)

空姐(여승무원), 空嫂(기혼 여승무원), 白領(화이트칼라)

減肥(다이어트), 面霜(로션), 面膜(마사지 팩)

雪碧(스프라이트), 芬達(환타), 薯條(감자튀김)

會所(사무실), 社區(아파트주거단지), 連鎖店(체인점)

盜版(해적판), 水貨(암거래/밀수품), 牛仔褲(청바지)

桑拿浴(사우나), 海歸派(국내로 돌아온 해외유학파)

② 경제활동의 새로운 현상을 표현한 신조어

商戰(상업경쟁), 業主(업주), 業內(업계 내)

賣點(구매력), 法人(법인), 個體戶(자영업자)

炒股(주식투기하다), 散戶(개인 주식투자자)

績優股(우량주), 融資(융자), 信用卡(신용카드)

保稅區(보세구역), 工業區(공업지역), 開發區(개발지역)

商住樓(주상복합건물), 寫字樓(오피스텔)

③ 새로운 과학기술을 반영한 신조어

隨身聽(워크맨), 手機(휴대폰), 聲卡(사운드카드)
互聯網(인터넷), 上網(인터넷하다), 網民(네티즌)
聊天室(채팅룸), 多媒體(멀티미디어), 條形碼(바코드)
掃描儀(스캐너), 攝像頭(화상카메라), 藍牙(블루투스)

이 외에도 새로운 개념과 새로운 현상을 반영하는 각종 유행어(流行語)가 무수히 많이 생겨났다. 1980-90년대에 유행한 대표적인 유행어를 소개하면 다음과 같다.

中國特色(중국특색), 社會主義市場經濟(사회주의 시장경제)
一國兩制(일국 양체제), 鄕鎭企業(향진기업), 小康社會(중산층사회)
萬元戶(백만장자), 大款(돈 많은 남성), 款姐(돈 많은 여성)
年薪(연봉), 奬金(보너스), 兼職(겸직), 軟著陸(연착륙)
生猛海鮮(싱싱한 해산물), 快餐(패스트푸드), 卡拉OK/KTV(노래방)
下海(장사에 무관한 사람이 장사에 뛰어들다)
下課(운동. 주로 축구에서 감독이나 코치가 해고되다)
跳槽(다니던 직장을 떠나서 다른 곳으로 옮기거나 직업을 바꾸다)
綠色(친환경 : 환경보호개념을 지닌 사물이나 현상을 지칭한다)
打假(위조품/모조품의 제조나 판매행위를 단속하다)
炒魷魚(홍콩과 대만에서 들어온 어휘로 직장에서 해고되어 일자리를 잃다)
希望工程(희망 프로젝트 : 모금이나 기증을 통해 빈곤지역의 학업을 중단한 아동을 돕기 위한 조치와 활동. 아동은 국가의 희망이라는 의미에서 유래한 명칭)

酷(영어의 'cool'을 음역한 신조어로, 날카롭고 엄숙하다, 개성적이다, 특별하다, 최신 유행하다, 사람을 감탄시키다 등의 의미로 쓰인다)

5. 중국어 숙어

숙어(熟語)는 언어생활에서 사람들의 입에 자주 오르내리며 상용되는 기성의 정형화된 고정구(熟語性短語)이다. 형태적으로는 두 개 이상의 단어로 이루어져 있으면서 그 단어들의 뜻만으로는 전체의 의미를 알 수 없는, 관용적으로 특유한 의미를 나타내는 어구이다. 중국어에서 널리 쓰이는 숙어를 '상용어(常用語)'라고도 하는데, 성어(成語), 속담(俗語/諺語), 격언(格言), 관용어(慣用語), 헐후어(歇後語) 등이 여기에 속한다.

(1) 성어(成語)

중국어 성어(成語)는 의미의 완전성과 구조의 응집력이 두드러지는 숙어로, 광범위한 사회구성원들에 의해 널리 사용되는 사회성과 장기간에 걸쳐 이어져 내려온 역사성을 지닌다. 구성성분들 간의 결합관계가 매우 긴밀하여 고정성이 강하기 때문에 구성성분을 마음대로 바꾸거나 떼어낼 수 없다. 또 그 격식에 있어서 흔히 '사자성어(四字成語)'라고 불릴 정도로 네 글자로 된 것이 절대다수를 차지한다. 성어를 적절하게 잘 구사하면, 간결하고 분명하며 함축적이고 생동감과 리듬감을 갖춘 품격 있는 중국어 표현이 가능해진다.

성어는 대부분 고대중국어에 근원을 두고 있기에 고대중국어문법을 보존하고 있으며, 대부분 출처를 알 수 있다. 뜻이 전고(典故)를 담고 있는 경우가 많아 단순한 글자풀이로는 의미 파악이 어렵다. 예를 들어 '得隴望蜀'는 『후한서(後漢書)』「잠팽전(岑彭傳)」의 고사에서 나온 성어로, '隴'(甘肅省)땅을 얻으면 '蜀'(四川省)땅까지 갖고 싶다는 의미에서 '인간의 욕망이 한이 없다'는 뜻으로 쓰인다. 성어도 만들어진 시대가 각각 다르며, 현대에 와서 만들어진 성어도 적지 않다. 예를 들면, '一窮二白'(물질적 기반이 약해 농공업이 발달하지 못하다), '改天換地'(근원적으로 철저하게 개조하다), '精兵簡政'(불필요한 부분을 모두 제거한 정예의 인원과 기구) 등은 모두 현대에 와서 만들어진 성어이다.

성어의 구조는 네 개의 의미항목이 병렬 조합되어 하나의 의미를 이루는 경우, 네 개의 의미항목이 두 쌍으로 나누어지는데 각 쌍의 결합관계에 따라 수식관계, 술목관계, 주술관계로 구분된다. '深謀遠慮'(깊이 생각하고 멀리 내다보다)와 '千方百計'(온갖 방법과 계책)는 수식관계의 성어이고, '驚天動地'(온 세상을 깜짝 놀라게 하다)와 '貪小失大'(작은 것을 욕심내다가 큰 것을 잃다)는 술목관계의 성어이며, '花香鳥語'(꽃이 향기롭고 새가 지저귀다 : 아름다운 봄날의 정취)와 '天高氣爽'(하늘은 높고 날씨는 상쾌하다 : 청명한 가을 날씨)은 주술관계의 성어이다. 또 네 개의 의미항목이 두 쌍으로 나누어져 대칭을 이루거나 각 쌍이 동일한 결합관계를 갖지 않는 구조의 성어도 있다. '膾炙人口'(잘게 저민 날고기나 구운 고기와 사람 입 : 사람의 입에 잘 오르내리다)와 '老馬識途'(늙은 말이 길을 잘 안다 : 경험 많은 사람이 일을 능숙하게 잘 한다), '胸有成竹'(대나무를 그리기 전에 마음속에 이미 완전히 갖추어진 대나무 모습이 그려져 있다 : 마음속에 이미 준비된 계획이 있다)는 수식, 술목, 주술관계가 혼재된 성어이다.

(2) 속담(俗語/諺語)

중국어 속담(俗語/諺語)은 예로부터 민간에서 대중들의 입을 통해 널리 전파되어 쓰이는 생동감 있는 고정구이다. 구어(口語)에 뿌리를 두고 있어서 간결하고 예리하며 통속적이고 알기 쉬운 특징을 지니며, 사회생활의 경험을 총결한 것으로 민족정서나 지방색이 매우 강하다. 성어가 문장의 일부 성분으로 활용되어 개념을 나타내는데 비해, 속담은 모두 문장의 형식으로 되어 있고 판단 또는 추리를 표시한다. 또 성어보다는 형식이 비교적 자유로운 편이지만, 일반 문장보다는 훨씬 고정성이 강하여 마음대로 바꾸어 쓸 수 없다. 내용은 농사, 계절, 기후, 의식주 및 다양한 사회생활과 관련된 것이 많으며, 그 속에 풍자, 경고, 경계, 사리, 인생의 이치 등을 폭넓게 담고 있다. 일상생활에서 자주 쓰는 속담을 몇 개만 소개하면 다음과 같다.

> 謀事在人，成事在天。
>
> 일의 계획은 사람이 하지만, 그 성패는 하늘에 달려있다.
>
> 天下無難事，只怕有心人。
>
> 세상에는 마음만 먹으면 못할 일이 없다.
>
> 飯後百步走，活到九十九。
>
> 식후에 백 걸음을 걸으면 아흔 아홉까지 살 수 있다.

莊稼要好，水肥要飽。

곡식(농사)이 잘 되려면 물과 비료가 충분해야한다.

朝霞不出門，晚霞行千里。

아침노을이 들면 외출을 삼가고, 저녁노을이 지면 먼 길을 가도 된다.

說曹操，曹操就到。

조조를 말하자 조조가 바로 왔다. 호랑이 제 말하면 온다.

不看僧面看佛面。

중의 체면은 세워주지 않아도 부처(중요한 사람)의 체면은 세워주어야 한다.

跑得了和尚，跑不了廟。

중은 도망갈 수 있어도 절은 도망가지 못한다. 더 숨고 도망갈 데가 없다.

一個和尚挑水吃，兩個和尚擡水吃，三個和尚沒水吃。

중 혼자서는 멜대로 물을 지어 마시고, 중 두 사람은 물을 맞들어 마시고, 중 세 사람은 (서로 책임을 미루고 피하여) 마실 물이 없다.

善有善報，惡有惡報，不是不報，時候未到。

선행에는 선행으로 갚고 악행에는 악행으로 갚는다. 응보가 없을 수가 없으며 다만 때가 되지 않았을 뿐이다.

중국어 격언(格言)은 문장의 형식으로 되어 있어 고정성이 강하여 마음대로 바꾸어 쓸 수 없다는 점에서 속담과 같지만, 교훈적 의미가 특히 강하고 유명인사의 어록(語錄)에서 나와 대중들 사이에서 널리 쓰이는 점이 속담과 다르다.

(3) 관용어(慣用語)

중국어 관용어(慣用語)는 구어의 색채가 강하고 함의가 비교적 단순한 고정구로, 구조적으로는 세 글자 형태의 술목구조가 많다. 관용어는 성어나 속담 등 다른 숙어에 비해 구성성분을 분리하여 그 사이에 다른 표현을 삽입할 수 있는 융통성을 지닌다. 어구의 표면적인 뜻보다는 파생의미나 비유(比喩) 또는 연상(聯想) 작용에 의해 개괄된 의미로 쓰이고, 마치 은어(隱語)처럼 부정적인 의미를 띠는 경우가 많기 때문에 때와 장소를 가려 써야한다.

① 술목구조로 된 관용어

背黑鍋　억울한 누명을 쓰다.

搞飛機　몰래 나쁜 짓을 꾸미다.

開門紅　시작부터 큰 성과를 거두다. 좋은 출발을 하다.

開夜車　밤샘하다.

磨豆腐　쉴 새 없이 잔소리하다.

拍馬屁　아부하다. 비위를 맞추다.

跑江湖　(곡예사, 점쟁이 등이) 생계를 위해 세상을 떠돌아다니다.

碰釘子　난관에 부딪히다. 거절당하다.

耍花招　교활한 계략이나 술책을 쓰다.

咬耳朵　귓속말을 하다

走過場　(배우가 무대에 등장했다가 사라지듯) 대강대강 해치우다.

鑽空子　빈틈, 기회, 약점을 노리다.

做手脚　몰래 손쓰다. 남의 손발이 되다.

② 수식구조로 된 관용어

半瓶醋 얼치기

大鍋飯 한솥밥

馬後炮 장기에서 '말(馬)'이 뜬 후에 '포(炮)'. 사후약방문(死後藥方文).

鐵飯碗 해고될 염려가 없는 확실한 직업. 철밥통.

下馬威 관리가 부임 초부터 위풍을 부리다. 첫맛에 본때를 보여주다.

③ 사음절 이상의 관용어

吃霸王飯 떼어먹고 도망가다.

戴綠帽子 아내가 다른 남자와 바람나서 놀아나다.

做白日夢 백일몽(헛된 꿈)을 꾸다.

吹鬍子瞪眼 눈을 부릅뜨고 성을 내다.

賣狗皮膏藥 엉터리 약을 팔다. 듣기 좋은 말로 사람을 속이다.

④ 술목구조의 구성성분을 분리하여 그 사이에 다른 표현을 삽입할 수 있다.

背黑鍋 → 背好朋友的黑鍋 친한 친구의 누명을 쓰다.

出難題 → (給我)出了個難題 (나를 고의로) 좀 골탕 먹이다.

拍馬屁 → 拍董事長的馬屁 이사장에게 아부하다.

(4) 헐후어(歇後語)

중국어 헐후어(歇後語)는 '뒤 자른 말' 또는 '에두른 말'로 옮길 수 있는데, 속뜻을 직접 드러내지 않고 비유적(比喻的)으로 에둘러 표현하는 매우 형상적(形象的)이고 해학적(諧謔的)인 숙어이다. 보통 앞뒤 두 부분으로 나뉘어져 있는데, 앞부분은 수수께끼문제처럼 어떤 사물, 동작, 상황 등을 비유하거나 묘사하고 뒷부분은 수수께끼답안처럼 그것에 대해 구체적으로 설명하는 방식을 취한다. 해석, 설명하는 뒷부분에서 어떤 것은 실제 의미를 비유적인 방법으로 표현하기도 하고, 어떤 것은 실제 의미를 직접 해석하거나 설명하기도 한다. 또한 통상적으로는 단음절어인 중국어의 특성을 살려 '음이 같거나 비슷한 글자(諧音字)'를 써서 우회적으로 속뜻을 드러내는 경우가 많다. '歇後語'의 문자 의미 그대로 뒷부분을 쉬고 말하지 않는 경우가 많지만, 모든 헐후어가 다 그런 것은 아니다.

① 사물, 동작, 상황 등을 비유하여 실제 의미를 나타내는 헐후어

八仙過海——各顯神通

여덟 신선이 바다를 건너다 : 각자의 신통력을 발휘하다.

大水衝倒龍王廟———家人不認一家人

홍수가 용왕사당을 부딪혀 무너뜨리다 : 한집안 식구끼리 알아보지 못하다.

狗拿耗子一一多管閒事

개가 쥐를 잡다 : 쓸데없는 일에 참견하다.

狗咬呂洞賓一一不識好人心

개가 여동빈을 물다 : 좋은 사람의 마음을 알지 못하다.

貓哭耗子一一假慈悲

고양이가 쥐 앞에서 울다 : 거짓으로 자비를 베푼다.

泥菩薩過江一一自身難保

진흙으로 만든 보살이 강을 건너다 : 자기 자신도 보전하기 어렵다.

千里送鵝毛一一禮輕情意重

천리 밖의 먼 곳에서 보내온 거위의 털 : 선물은 보잘것없으나 마음은 두텁다.

脫褲子放屁一一多此一擧/多費一道手續

바지를 벗고 방귀뀌다 : 쓸데없는 이중의 수고를 하다.

芝麻開花一一節節高

참깨가 꽃을 피우다 : 마디마디 높아지다. 점점 나아지다.

豬八戒照鏡子一一裏外不是人

저팔계가 거울을 보다 : 안팎이 모두 사람이 아니다. 아무리 보아도 사람처럼 생기지 않다. 욕을 먹거나 난처하게 되어 꼴이 말이 아니다.

② '음이 같거나 비슷한 글자(諧音字)'를 써서 속뜻을 드러내는 헐후어

打破沙鍋一一問{璺}到底

질그릇을 깨뜨리다 : 바닥까지 갈라져 금이 가다. 끝까지 따지고 캐묻다.

和尚打傘一一無法{髮}無天

중이 우산 쓰다 : 머리카락도 없고 하늘도 꺼리지 않다. 법도 무시하고 제멋대로 행동하다.

孔夫子搬家一一淨是輸{書}

공자가 이사하다 : 온통 책뿐이다. 언제나 지기만하다.

外甥打燈籠一一照舊{舅}

외종질이 등롱을 켜들다 : 외삼촌을 비추다. 예전그대로 따라하다.

小蔥拌豆腐一一一淸{靑}二白

실파를 두부에 버무리다 : 하나는 푸르고 하나는 희다. 아주 분명하다.

제5장
중국어의 문법

1. 현대중국어 문법의 특징

문법(文法)/어법(語法)은 언어의 구조방식이며, 어문(語文)의 내부 조직규율이다. 현대중국어에는 형태소(語素/詞素), 단어(詞), 구(短語/詞組), 문장(句子), 단락(語段) 등 모두 다섯 개의 문법단위가 있다. 「제1장 중국어의 특성」에서 이미 개괄적으로 설명하였지만, 여숙상(呂叔湘) 주편(主編) 『현대한어팔백사(現代漢語八百詞)』에서 분석한 내용을 중심으로 현대중국어 문법의 주요 특징을 다시 정리하면 다음과 같다.

(1) 엄격한 형태변화가 없다

① 현대중국어는 영어와 같이 주어(主語)나 시제(時制)에 따른 동

사(動詞)의 형태변화가 거의 없이 어순(語順)이나 허사(虛詞)에 따라 문법적인 관계가 결정된다. 현대중국어는 형태변화가 엄격하게 구분되지 않기 때문에 어순이 중요한 기능을 한다. 현대중국어의 구에는 '주어+술어'구조로 된 것은 있어도 '술어+주어'구조로 된 것은 없으며, '수식어+중심어'구조로 된 것은 있어도 '중심어+수식어'구조로 된 것은 없다.

我說, 你說, 他說, 她說, 我們說, 你們說, 他們說, 她們說……

주어가 변해도 모두 같은 동사 '說'를 사용한다.

他昨天說……, 他現在還說……, 他明天還說……

시제가 변해도 모두 같은 동사 '說'를 사용한다.

四川人不怕辣, 湖南人辣不怕, 江西人怕不辣。

사천사람은 매운 것을 두려워하지 않고, 호남사람은 매워도 두려워하지 않으며, 강서사람은 맵지 않은 것을 두려워한다.

② 현대중국어에서는 동사의 형태를 변화시키지 않고 기능어인 허사로 문법적 의미를 나타낸다. 예를 들면, 전치사(介詞) '把'는 목적어를 앞으로 끌어내어 동작의 처치(處置) 의미를 나타내며, 전치사 '被'는 피동(被動)의 의미를 나타내고, 동태조사(動態助詞) '着', '了', '過'는 각각 지속, 완료, 경험을 나타낸다.

他把我罵了一頓。	그는 나를 한바탕 욕했다.
他被我罵了一頓。	그는 나에게 한바탕 욕을 먹었다.
他看着電視連續劇呢。	그는 TV연속극을 보고 있다.

他看了今天的電視劇。　그는 오늘 (방영한) TV드라마를 보았다.

他看過韓國的電視劇。　그는 한국의 TV드라마를 본 적이 있다.

③ 현대중국어에서는 한 가지 품사의 단어가 여러 개의 서로 다른 문장성분으로 쓰일 수 있다. 동사나 형용사가 문장에서 술어(述語/謂語)로 쓰이는 경우 외에도 주어나 목적어(賓語)로 쓰일 수 있고, 때로는 관형어(定語)로 쓰여 명사를 직접 수식할 수 있다.

她很客氣。

그녀는 아주 예의바르다. (술어)

她說了很多客氣話。

그녀는 예의를 갖춘 인사말을 많이 하였다. (관형어)

她很客氣地拒絶了我的邀請。

그녀는 나의 초대를 공손하게 거절하였다. (부사어)

這樣說的是爲了表示客氣。

이렇게 말한 것은 인사치레하기 위해서이다. (목적어)

(2) 인칭대사와 허사의 생략

① 현대중국어에서는 인칭대사(人稱代詞)를 쓰지 않아도 될 경우에는 쓰지 않는다. 이 때문에 문장의 구조가 다소 불완전하더라도 형식만을 추구하지는 않는다.

A : (你)看了沒有?

B : (我)看了, 還沒看完。

두 사람이 서로 얼굴을 맞대고 대화하기 때문에 별다른 오해의 소지가 없으므로 인칭대사 '你'와 '我'를 생략하였다.

她有一個兒子, (他)去年上的大學。

'去年' 앞에 의미상으로는 인칭대사 '他'가 있어야하지만, 바로 앞 부분에 '兒子'가 있어 오해의 소지가 없으므로 생략하였다.

失去了健康, 才知道健康的可貴。

모든 사람을 대상으로 말하고 있기 때문에 앞뒤 절에 모두 주어가 생략되어져 있다.

② 현대중국어에서는 접속사(連詞)와 전치사(介詞) 등 허사(虛詞)를 생략하는 경우가 많다.

路不好走, (因爲)最近下了幾天雨。

(如果)你不寫我寫。

(不管)哪天去都行。

你能(用)左手寫字。

我(在)前頭帶路。

(3) 단어 구조에 대한 음절수의 영향

현대중국어에서 단어의 구조는 음절수의 영향을 많이 받는데, 가장 두드러진 점이 이음절화(雙音節化) 경향이다.

① 단음절의 단어를 이음절어로 만드는 경우가 많다. 예컨대 '張' 씨 성을 가진 사람을 '老張'이나 '小張'이라 부르지만, '歐陽'이나 '諸葛'같은 복성(複姓)인 사람에게는 '老歐陽', '小歐陽'이나 '老諸葛', '小諸葛'라고 부르지 않는다.

② 단음절의 국명이나 지명에는 언제나 그 성질을 나타내는 명칭을 붙이지만, 이음절로 된 국명이나 지명에는 붙이지 않는다. '美國'나 '英國'는 '國'가 붙어 국명이 이음절로 되었지만, '日本'이나 '印度'처럼 원래 이음절로 된 국명에는 '國'를 붙이지 않는다. '通縣'이나 '汝縣'은 '縣'이 붙어 지명이 이음절로 되었지만, '順義'나 '大興'처럼 원래 이음절로 된 지명에는 '縣'을 붙이지 않는다. 수목(數目)을 나타내는 단어의 경우도 이와 비슷한데, 한 달 중에서 앞의 열흘은 '一號'……'十號'라고 '號'를 붙이지만, '十一(號)'부터는 '號'를 쓰지 않아도 된다.

③ 이음절 단어를 복합어에서 단음절로 축약시켜 이음절어를 만든다.

電影 → 影片 영화, 영화필름

地雷 → 布雷 지뢰를 매설하다, 掃雷 지뢰를 제거하다

黃豆 → 豆腐 두부, 腐乳 잘게 썰어 삭인 두부

④ 이음절 단어는 그 뒤에 결합되는 단어 또한 일반적으로 이음절을 요구한다.

進行+學習 → 進行學習 *進行學(×)

共同+使用 → 共同使用 *共同用(×), 共用(○)

打掃+街道 → 打掃街道 *打掃街(×), 掃街(○)

嚴重+事故 → 嚴重事故 *嚴重事(×)

⑤ 중국어에는 '好事多魔', '高飛遠走', '左顧右盼', '千方百計', '日新月異', '白紙黑字' 등의 성어(成語)처럼 '네 글자로 된 말(四字語)'이 많은데, 그 중의 대부분은 두 개의 이음절이 조합되어 만들어진 것이다.

(4) 문장어형태에 대한 한자의 영향

중국어는 한자를 사용하여 표기하므로 현대중국어의 문장어형태에는 한자가 상당한 영향을 미쳤다. 중국어음이 변천하면서 동음자(同音字)가 많이 생겨났다. 이러한 동음자 중 일부는 단어로 간주하여 사용할 수 있지만, 일부는 단어를 구성하는 성분에 불과하고, 또 어떤 것은 사용빈도가 점차 줄어들어 '쓰지 않는 글자(生僻字/冷僻字)'가 되어 도태되고 있다. 그러나 이러한 동음자는 한자로 썼을 경우에는 완전히 구별할 수 있는 편리함이 있다. 한자는 일부가 이미 간화(簡化)되기는 했지만 전체적으로 보면 여전히 쓰기 어려운 편이다. 이 때문에 구어(口語)에서는 다음절(多音節)로 말하지만, 서면으로 쓸 때는 다 쓰지 않는 경우가 있다.

> 雖然 → 雖, 但是 → 但, 而且 → 且, 如果/如同 → 如
>
> 的時候 → 時, 一點兒 → 一點, 小孩兒 → 小孩

2. 품사의 분류

중국어에 있어서 품사(詞類)에 관한 문제는 지금까지도 명확히 해결되지 못한 중국어문법연구 상의 난제이다. 품사란 단어를 문법기능에 따라 분류한 것이다. 단어의 문법기능은 문장에서 문장성분으로 쓰일 수 있느냐 없느냐에 따라 다르게 나타난다. 1954년에 제정된「잠정 중국어교육 어법체계(暫擬漢語教學語法系統)」에서는 품사 분류의 기준을 '단어의 의미와 어법특성'으로 정하고, 이 기준에 근거하여 현대중국어의 단어를 11품사로 분류하였다.

> 名詞, 動詞, 形容詞, 數詞, 量詞, 代詞, 副詞, 介詞, 連詞, 助詞, 感歎詞

30년이 지난 1984년,「중등교육 어법체계 제요－시안(中學教學語法系統提要－試用)」에서는「잠정 중국어교육 어법체계(暫擬漢語教學語法系統)」를 보완하여 현대중국어의 단어를 명사(名詞), 동사(動詞), 형용사(形容詞), 수사(數詞), 양사(量詞), 대사(代詞), 부사(副詞), 전치사(介詞), 접속사(連詞), 조사(助詞), 감탄사(歎詞), 의성사(擬聲詞)의 12품사로 분류하였다. 문장에서 단독으로 문장성분이 될 수 있으면 실사(實詞)이고, 단독으로 문장성분이 될 수 없으면 허사(虛詞)이다. 현대중국어 단어의 품사를 실사와 허사로 나누어 각각에 해당하는 품사의 개념과 어법특징 및 용도를 설명하면 다음과 같다.

(1) 실사

실사(content word)는 표시하는 의미가 실재적이어서 문장에서 문장성분으로 쓰일 수 있을 뿐만 아니라 단독으로 물음에 대답할 수 있는 단어이다. 현대중국어의 실사에는 명사(名詞), 동사(動詞), 형용사(形容詞), 수사(數詞), 양사(量詞), 대사(代詞), 부사(副詞), 의성사(擬聲詞)가 있다.

① 명사(名詞)

명사는 사람이나 사물의 명칭을 표시하는 단어이다. 명사의 분류와 해당 단어의 예는 다음과 같다.

일반명사 : 書, 床, 書架, 詞典, 自行車, 專家, 手機, 電視機

고유명사 : 中國, 漢語, 黃河, 西湖, 北京, 長城, 天安門

집단명사 : 人類, 人口, 書本, 紙張, 車輛, 瓷器, 物資

추상명사 : 概念, 原則, 意識, 思想, 成就, 水平, 理論

명사의 부류(部類)

방위사(方位詞) : 上, 下, 前, 後, 裏, 內, 外, 旁, 左, 右, 東, 西, 南, 北

처소사(處所詞) : 郊外, 附近, 遠處, 境內, 旁邊, 對面

시간사(時間詞) : 去年, 今天, 現在, 以前, 平時, 將來

명사의 주요 어법특징은 다음과 같다.

㉠ 수량구(**數量短語**)의 수식을 받을 수 있다.

一個人, 兩本書, 三張地圖, 一些學生, 一部分同學

㉡ 대사, 형용사, 동사, 각종 구, 다른 명사의 수식을 받을 수 있다.

我兒子, 好人, 生産計劃, 我說的話, 北京的春天

㉢ 부정부사 '不'와 부사 '也', '**都**', '很' 등의 수식을 받을 수 없다.

*他不學生(×), *他也老師(×), *都詞典(×), *很椅子(×)

㉣ 일반적으로 중첩할 수 없다. 일부 사람과 사물을 가리키는 단음절 명사의 경우 중첩이 가능한데, 이때는 양사의 작용과 동시에 '**每(一)**' 의미를 나타낸다.

學生學生(×), 書書(×), 家家(每家), 人人(每人), 天天(每天)

㉤ 전치사와 결합하여 전치사구(**介詞短語**)를 만들며, 전치사구는 문장에서 주로 부사어가 되고 경우에 따라서 보어가 된다.

在家, 從上海, 到北京, 向圖書館, 對大學生, 給大家

ⓑ 명사는 주로 주술구조의 주어, 술목구조의 목적어, 수식구조의 관형어, 부사어로 쓰인다.

人老了, 衣服舊了 (주어)

寫信, 看書, 講故事 (목적어)

木頭椅子, 石頭獅子 (관형어)

油做(기름으로 만든), 頭大的西瓜(머리통만한 수박) (부사어)

② 동사(動詞)

동사는 사물의 동작, 행위, 변화, 존재 등을 표시하는 단어이다. 동사의 분류와 해당 단어의 예는 다음과 같다.

동작동사 : 打, 念, 寫, 說, 看, 走, 鼓掌

무감정명사를 움직이는 동사 : 流(水), 開(花)

동작상태 지속 동사 : 休息, 睡覺

심리동사 : 愛, 恨, 想, 喜歡, 相信, 考慮

존재·변화표시 동사 : 有, 在, 增加, 縮小

동사의 부류(部類)

방향동사(趨向動詞) : 上來, 下去, 進來, 出去, 過來, 回去, 開來, 起來

조동사(能願動詞) : 能, 會, 可以, 可能, 應該, 該, 要, 得, 必須, 想, 敢, 肯

동사의 주요 어법특징은 다음과 같다.

㉠ 부정부사 '不'와 '沒'의 수식을 받을 수 있다.

不打不相識, 不休息, 不喜歡, 沒有, 沒來

㉡ 동사 뒤에 '了', '着', '過' 등의 동태조사를 붙여 '동작, 행위, 발전, 변화의 시간적인 과정(動態/時態)'을 나타낼 수 있다.

說了, 說着, 說過, 走了, 走着, 走過, 想了, 想着, 想過

㉢ 일부 동사는 중첩할 수 있다.

看看, 說說, 打打, 休息休息, 討論討論, 研究研究

㉣ 문장에서 주로 술어로 쓰인다. 동사 앞에 부사어를 취할 수 있고, 타동사일 경우 뒤에 목적어를 취할 수 있다.

我來，你去。 生活水平不斷提高。 我看了一本雜誌。

㉤ 동사의 형태변화가 없이 주어와 목적어가 될 수 있다.

研究是一種艱苦的勞動。 我們不反對批評，但批評不能亂說。

③ 형용사(形容詞)

형용사는 사물의 성질이나 상태를 표시하는 단어이다. 형용사의 분류와 해당 단어의 예는 다음과 같다.

일반형용사 : 好, 壞, 大, 小, 貴, 便宜, 漂亮, 可愛, 高興, 乾淨, 嚴格

비술어형용사 : 관형어로만 쓰이는 구별사(區別詞).

男－女, 雌－雄, 正－副, 單－雙, 橫－豎, 新式－舊式, 彩色－黑白

個別－共同, 急性－慢性, 天然－人爲, 大型－中型－小型

형용사의 주요 어법특징은 다음과 같다.

㉠ 대부분 부사 '不'와 '很'의 수식을 받을 수 있다.

不好, 很好, 不貴, 很貴, 不高興, 很高興, 不漂亮, 很可愛

㉡ 명사를 수식할 수 있고, 일부 형용사는 동사를 수식할 수 있다.

大超市, 小商店, 嚴格的老師, 認眞地硏究, 客氣地拒絶

㉢ 일부 형용사는 중첩할 수 있다.

好好休息, 大大的眼睛, 打掃得乾乾淨淨, 高高興興, 明明白白

㉣ 문장에서 술어, 관형어, 부사어, 보어로 쓰인다.

今天天氣非常熱。 偉大的成就。 細心(地)觀察。 你說錯了答案。

④ 수사(數詞)

수사는 수를 표시하는 단어이다. 수사의 분류와 해당 단어의 예는 다음과 같다.

기수사(基數詞) : 수(정수, 분수, 소수, 배수)의 다수를 표시하는 수사

零, 一, 二, 三, 四, 五, 六, 七, 八, 九, 十, 百, 千, 萬, 億

2/3(三分之二), 4.5(四點五), 6倍(六倍 : 수사'六' + 양사'倍')

서수사(序數詞) : 대상의 순서를 표시하는 수사

二零一五年, 六月, 三十日, 大哥, 二哥, 三弟, 四叔, 長子, 次女

特等, 頭等/一等, 二等, 一層, 二層, 頭班, 末班(車), 一班, 二組

수사의 주요 수사(修辭) 활용은 다음과 같다.

㉠ 수의 표시 외에도 수사가 단독으로나 중복하여 다른 단어와 결합한다.

百感交集 만감이 교차하다. 온갖 감정이 엇갈리다.

三三兩兩 삼삼오오(三三五五)

略知一二 조금밖에 모르다

㉡ 수사를 사용하여 수가 많거나 적음을 표시한다.

三思而行 (세 번이 아니라) 여러 번 신중히 생각해서 행하다.

九天之上 (구층 하늘이 아니라) 까마득히 높은 곳. 최고조.

一毛不拔 남을 위해 털 한 가닥도 안 뽑는다. 지나치게 인색하다.

㉢ 수사를 사용하여 산란하거나 불안함을 표시한다.

亂七八糟/七亂八糟/亂七雜八 엉망진창이다.

歪三倒四 질서가 전혀 없다.

七上八下 마음이 초조하고 불안하다. 안절부절못하다.

⑤ 양사(量詞)

양사는 사람이나 사물의 수량단위 또는 동작과 관계있는 수량단위를 표시하는 단어이다. 양사의 분류와 해당 단어의 예는 다음과 같다.

명량사(名量詞) : 사람 또는 사물의 수량단위를 표시한다.

개체양사(個體量詞) : 個(人), 位(客人), 本(書), 張(紙), 條(狗), 把(椅子)

집체양사(集體量詞) : 副(對聯), 套(衣服), 打(鉛筆), 雙(眼睛), 對(夫妻)

도량사(度量詞) : 里(길이), 升(용량), 斤(중량), 畝(면적), 立方米(체적)

부정양사(不定量詞) : (一)些, (一)點

준양사(準量詞) : 星期, 周, 天, 小時, 分(鐘), 秒, 省, 市, 縣

차용명량사(借用名量詞) : 杯(水), 壺(酒), 盆(花), 車(貨), 卓(酒菜), 身(新衣服)

동량사(動量詞) : 동작이나 행위와 관계있는 수량단위를 표시한다.

전용동량사(專用動量詞) : 次, 下, 回, 頓, 陣, 場, 遍, 番, 趟

차용동량사(借用動量詞) : (切一)刀, (開一)槍, (咬一)口, (看一)眼, (打一)拳

양사의 주요 어법특징은 다음과 같다.

㉠ 명사의 관형어가 되고, 그 위치는 명사 앞에 온다.

一張退了色的照片。 빛바랜 사진 한 장 (一張照片)

㉡ 동사의 부사어가 되는데, 일반적으로 중첩형식이 요구되며 구조조사 '地'의 도움을 받는다.

把生詞一個一個地念完。　새 낱말을 하나하나 소리 내어서 읽었다.

把新衣服一件一件地洗好。 새 옷을 한 벌 한 벌씩 세탁하였다.

ⓒ 도량형 단위간의 관계를 설명하는 문장에서 주어와 목적어가 된다.

十錢是一兩，十兩是一斤。 열 돈은 한 냥이고 열 냥은 한 근이다.

ⓓ 동량사와 수사로 구성된 수량구(**數量短語**)는 문장에서 보어로 쓰인다.

他們三個人又商議了一陣。 그들 세 사람이 또 한바탕 상의하였다.

⑥ 대사(代詞)

대사는 지시나 대체 작용을 하는 단어이다. 중국어에서 대사는 명사뿐만 아니라 부사, 형용사, 동사, 수량구까지도 대신하므로 '대명사'라고 하지 않고 '대사/대체사'라고 한다. 대사의 분류와 해당 단어의 예는 다음과 같다.

인칭대사(人稱代詞) : 我, 你, 您, 他, 她, 它 (단수)
我們, 你們, 他們, 她們, 它們, 咱們, 大家 (복수)
人家, 別人, 自己

지시대사(指示代詞) : 這, 那, 這兒, 那,兒 這裏, 那裏, 這麽, 那麽,
這樣, 那樣

의문대사(疑問代詞) : 誰, 什麽, 哪, 哪兒, 哪裏, 怎麽, 怎麽樣, 怎樣,
多少, 幾

대사의 주요 어법특징은 다음과 같다.

㉠ 인칭대사는 명사를 대체하므로 명사에 준하여 주어 및 목적어로 쓰일 수 있다.

你們進來吧，他們都在裏面。不要批評我！

㉡ 인칭대사가 관형어가 될 경우 중심어에 대한 소유관계를 표시한다.

他的信心非常强。謝謝你的關心。

㉢ 인칭대사를 앞뒤에 호응시켜 표현효과를 증대시킨다. 이때는 실제로 그 사람을 지칭하는 것이 아니다.

大家就你一言我一語地討論開了。

모두 이러쿵저러쿵 한마디씩하며 토론하였다.

㉣ 지시대사는 단어뿐만 아니라 구나 문장의 내용까지도 대체할 수 있다.

他幾時回來，那可說不定。

그가 언제 돌아올지 그건 확실히 말할 수 없다.

㉤ 의문대사는 어떤 경우 불특정한 사람, 사물, 시간, 처소, 성질을 표시한다.

這件事情好像誰告訴過我。

이 일은 누군가 나에게 말해준 것 같다.

他不知怎麽常常遲到。

그는 어째서인지 모르겠지만 늘 지각한다.

⑦ 부사(副詞)

부사는 주로 동사나 형용사를 수식함으로써 동작, 행위 또는 상태, 성질 등에 관계되는 정도, 범위, 시간, 빈도 및 긍정이나 부정의 상황을 표시하는 단어이다. 부사는 문장성분으로 쓰일 수 있지만, 의미가 실재적이지 못하여 소수를 제외하고는 단독적 물음에 대답하는 문장으로 쓸 수 없으므로 실사와 허사의 요소를 다 가진 것으로 간주한다. 부사의 분류와 해당 단어의 예는 다음과 같다.

정도부사 : 很, 極, 太, 最, 挺, 更, 較, 比較, 非常, 十分, 相當, 格外, 稍微

범위부사 : 全, 都, 只, 僅, 僅僅, 統統, 一共, 一概, 一起, 一齊, 就, 才

시간부사 : 正(在), 剛(剛), 已經, 曾經, 就, 才, 將(要), 立刻, 立卽, 馬上

빈도부사 : 也, 又, 再, 還, 再三, 屢次, 常(常), 經常, 往往, 一直, 一向, 偶爾

부정부사 : 不, 沒(有), 別, 勿, 莫

상황부사 : 忽然, 毅然, 猛然, 仍然, 逐步, 漸漸, 特地, 互相, 親自, 悄悄

어기부사 : 眞, 可, 並, 卻, 倒, 偏(偏), 豈, 簡直, 難道, 究竟, 畢竟, 到底,
乾脆, 未免, 居然, 索性, 實在, 何必, 果然, 其實, 明明,
大概, 大約, 幾乎, 反正, 差點兒

부사의 주요 어법특징은 다음과 같다.

㉠ 동사와 형용사를 수식하고 제한한다.

立刻出發, 居然來了, 不見不散, 很不錯, 非常謙虛, 極其重要, 比較簡單

㉡ 부사는 중첩을 할 수 없고, 일반적으로 다른 부사의 수식을 받

을 수 없다.

ⓒ 대부분의 부사는 단독적 물음에 대답하는 문장으로 쓸 수 없지만, 부정부사와 일부 부사는 가능하다.

A：他昨天來了嗎？　　B：沒有。

A：明天能下雨嗎？　　B：也許。

A：請你替我照顧她吧！　B：一定。

ⓔ 부사는 일반적으로 보어가 될 수 없지만, 일부 부사는 보어로 쓰일 수 있다.

這個主意好得很。

這幾個中國菜味道好極了。

ⓜ 주어 앞이나 문장의 머리에 쓰여 대개 일에 대한 평가나 화자(話者)의 태도를 나타낸다.

果然那個孩子的才能很卓越。　(일에 대한 평가)

難道你住在那樣的地方？　(화자의 태도)

⑧ 의성사(擬聲詞)

의성사(擬聲詞/象聲詞)는 실제의 소리를 묘사한 단어이다. 중국어에서 의성사의 형태는 형용사의 강조형과 유사하므로 어떤 어법학자는 이를 형용사에 포함시켜 분류하기도 한다. 의성사의 주요 어법특징은 다음과 같다.

㉠ 문장성분으로는 쓰이지 않으나 문장 가운데서 감탄사와 유사하게 쓰인다.

忽然嘩，嘩，下起了大雨。

갑자기 소나기가 쫙쫙 내리기 시작했다.

叮鈴鈴，叮鈴鈴，前面傳來一陣自行車鈴聲。

따르릉 따르릉, 앞에서 자전거 벨소리가 들려왔다.

㉡ 문장에서 다른 단어와 결합하여 수량구(數量短語)를 만든다.

嘩啦(的)一聲，門推開了。

벌컥 소리 내며 문이 열렸다.

一隻青蛙一張嘴，兩隻眼睛四條腿，撲通一聲跳下水。

입 하나, 눈 두 개, 다리 네 개인 개구리가 풍덩 소리 내며 물로 뛰어든다.

㉢ 동사로 사용되는 경우에는 뒤에 '了', '着', '起來'를 붙일 수 있다.

雨停了，屋檐上的雨水還嘀噠着。

비는 그쳤지만, 처마 위의 빗물은 아직도 똑똑 떨어지고 있다.

安靜了一會兒，又喊喊喳喳起來了。

잠시 조용하더니, 또 재잘거리기 시작하였다.

(2) 허사

허사(function word)는 표시하는 의미가 실재적이지 못하여 문장에서 문장성분으로 쓰일 수 없을 뿐만 아니라 단독으로 물음에 대답할 수 없으며, 실사를 도와서 문장을 만들고 문장의 어기 등을 표시하는 기능을 가진 단어이다. 현대중국어의 허사에는 전치사(介詞), 접속사(連詞), 조사(助詞), 감탄사(歎詞)가 있다.

① 전치사(介詞)

전치사는 주로 명사성 단어(경우에 따라서는 동사성 단어)와 함께 전치사구(介詞短語)를 이루어 문장에서 부사어로서 동사나 형용사를 수식하고, 때로는 명사를 수식하기도 한다. 전치사의 분류와 해당 단어의 예는 다음과 같다.

장소, 방향을 나타내는 전치사 : 在, 從, 到, 離, 往, 向, 朝, 順着, 沿着

시간을 나타내는 전치사 : 自, 至, 從, 到, 在, 於, 當, 離

대상을 나타내는 전치사 : 跟, 和, 對, 爲, 給, 替, 對於, 關於

기타 전치사 : 爲, 按, 據, 由, 依照, 除了

② 접속사(連詞)

접속사는 단어와 단어, 구와 구, 절과 절, 문장과 문장을 연결하는 기능을 가진 단어이다. 어떤 접속사는 단어나 구만 연결하고, 어떤 접속사는 절만 연결하며, 어떤 접속사는 단어와 구뿐만 아니라 절까지도 연결한다. 접속사의 분류와 해당 단어의 예는 다음과 같다.

㉠ 절을 연결하는 접속사

不但, 而且, 因爲, 所以, 因此, 因而, 旣然, 要是, 如果, 假如, 除非

雖然, 但是, 可是, 而是, 不過, 然而, 然則, 儘管, 即使, 就是, 哪怕

省得, 免得, 於是, 從而, 以致, 與其, 寧可, 尙且, 何況, 只要

㉡ 단어나 구, 절을 연결하는 접속사

而且, 並且, 而, 並, 或者, 要麽, 還是, 只有, 無論, 不論, 不管

③ 조사(助詞)

조사는 단어나 구의 뒤에 붙어서 부가의미를 나타내는 가장 독립적이지 않은 단어이다. 조사의 분류와 해당 단어 및 어법특징은 다음과 같다.

㉠ 구조조사(結構助詞) '的', '地', '得'는 주로 실사로 이루어진 구의 앞이나 뒤에 위치하여 특정한 문법기능을 표시하는 구조를 만든다. '的'는 관형어와 중심어 사이에 오고, '地'는 부사어와 중심어 사이에 오며, '得'는 술보구조(述補結構)의 술어와 보어 사이에 온다.

㉡ 동태조사(動態助詞) '了', '着', '過'는 동사나 일부 형용사의 뒤에 붙어서 동작의 변화나 상태를 나타낸다. '了'는 동작이나 행위 또는 상황의 발생, 실현, 완성을 나타낸다. '着'는 동작이나 행위의 진행 또는 상태의 지속을 나타낸다. '過'는 일찍이 어떤 동작이나 행위가 발생했거나 어떤 상황이 존재했었음을 나타낸다.

㉢ 어기조사(語氣助詞) '嗎', '呢', '啊', '吧', '嘛', '了' 등은 일반적으로 문장의 끝에 쓰여 말하는 기세를 나타낸다.

④ 감탄사(歎詞)

감탄사는 감탄이나 부름, 응답을 나타내는 단어이다. 감탄사는 문장성분으로 쓰이지 않으며 보통 문장의 앞에 오지만, 경우에 따라서는 문장의 중간에 쓰이기도 한다. 중국어에서 많이 쓰는 감탄사로는 '哎', '呀', '哎呀', '喔', '哦', '喔', '噢', '喲', '哎喲' 등이 있다.

3. 문장성분과 구

(1) 문장성분

문장성분(句子成分)은 문장의 구성에 필수적인 기본성분이다. 중국어의 문장성분(句子成分)으로는 주어(主語), 술어(謂語), 목적어(賓語), 보어(補語), 관형어(定語), 부사어(狀語)가 있다. 문장에서의 위치와 작용에 따라 분류한 이들 문장성분의 개념과 주요 어법특징을 간략하게 설명하면 다음과 같다.

① 주어(主語)

주어는 문장 서술의 주요 대상이다. 하나의 문장은 주부(주어 부분)와 술부(술어 부분)로 나눌 수 있다. 주부는 서술 대상이기 때문에 앞에 놓이고, 주부의 중심어가 주어이다.

我看了兩本書。　→ 我(주부/주어 : 我)+看了兩本書(술부/술어 : 看了)

這件事由他負責。　→ 這件事(주부)+由他負責(술부)

今天六月三十日。　→ 今天(주부)+六月三十日(술부)

② 술어(謂語)

술어는 주어를 서술하는 부분에서 핵심이 되는 단어나 구이다. 술부는 주부에 대한 서술이므로 뒤에 놓이고, 술부의 중심어가 술어이다.

王老師上海人。　→ 王老師(주어)+上海人(술어)

晩上有課外活動。　→ 晩上(주어)+有課外活動(술어)

③ 목적어(賓語)

목적어는 동사술어문의 서술 부분에서 동사 뒤에 위치하여 동사가 지배하는 대상을 표시하는 명사성 단어나 구이다.

我喝咖啡。　→ 咖啡(명사 목적어)

我家來了一位客人。　→ 一位客人(명사성/수량구 목적어)

我很想睡覺。　→ 睡覺(동사 목적어)

他怕辛苦。　→ 辛苦(형용사 목적어)

④ 보어(補語)

보어는 술어동사나 술어형용사 뒤에 놓여서 그 동사나 형용사가 나타내는 성질이나 형상, 동작이나 행위에 대해 보다 구체적으로 보충 설명하는 문장성분이다. 중국어 보어에는 정도보어(程度補語), 상태보어(情態補語), 결과보어(結果補語), 방향보어(趨向補語), 가능보어(可能補語), 수량보어(數量補語) 등이 있다.

我高興得很。 → 高興(형용사)+得很

(정도보어 : 정도를 부사 '很'이 나타냄)

高興得不得了。→ 高興(형용사)+得不得了

(정도보어 : 정도를 '不得了'가 나타냄)

他跑得很快。 → 跑(동사)+得很快

(상태보어 : 성질/상태의 모습을 '很快'가 나타냄)

他漢語說得很流利。 → 說(동사)+得很流利

(상태보어 : 상태의 모습을 '很流利'가 나타냄)

我還沒有買到那本小說。 → 買(동사)+到 (동사 결과보어)

我們一定要搞好教學工作。 → 搞(동사)+好 (형용사 결과보어)

孩子們唱着歌走進兒童公園。 → 走(동사)+進 (방향보어)

我想爬上八達嶺長城去看看。 → 爬(동사)+上……去 (방향보어)

⑤ 관형어(定語)

관형어는 주어 부분과 목적어 부분이 수식관계의 명사구로 이루어져 있을 때 명사를 수식하는 성분이다. 이 밖에 형용사(구), 동사(구), 전치사구도 관형어가 될 수 있다.

中國地圖　　　　→ 中國(명사 관형어) + 地圖(중심어)

新雜誌　　　　　→ 新(형용사 관형어) + 雜誌(중심어)

叄觀的人　　　　→ 叄觀(동사 관형어) + 人(중심어)

從中國來的老師　→ 從中國來(전치사구 관형어) + 老師(중심어)

⑥ 부사어(狀語)

부사어는 술어나 전체 술어 부분을 수식하는 성분이다. 중심어를 수식할 때, '地'가 필요한 경우와 필요하지 않은 경우가 있다. 단음절 형용사, 시간사, 장소사, 대사, 부사, 수량사(구), 전치사(구)가 부사어로 쓰일 때는 '地'가 필요하지 않고, 주술구가 부사어로 쓰일 경우에는 '地'가 필요하며, 그 외에는 사용해도 되고 사용하지 않아도 된다.

手忙脚亂地解開了包袱 → 手忙脚亂地　황급히(부사어)

聲音肯定而堅決地說 → 肯定而堅決地　확고하게(부사어)

(2) 구의 종류

단어와 단어가 일정한 어법규칙에 따라 조합된 언어단위를 구(短語/詞組)라고 한다. 구는 품사와 같이 문법기능에 따라서 분류할 수 있으며, 구의 문법기능은 대체로 품사의 문법기능과 일치한다. 『현대한어팔백사(現代漢語八百詞)』에서 분류한 구의 유형을 요약하여 소개하면 다음과 같다.

① 명사구(名詞短語) : '명사 + 수식성분'으로 이루어진 구.

鋼鐵工業, 幸福生活, 管理體制, 教學成果

② 방위구(方位短語) : '명사 + 방위사'로 이루어진 구.

床前, 桌子上, 椅子下, 長江以南, 黃河以北, 今年之內

③ 수량구(數量短語) : '수사 + 양사'로 이루어진 구.

一個, 兩本, 三次, 四把, 五張, 六條, 七臺, 八套, 九隻

④ 지수구(指數短語) : '지시대사 + 수사/양사'로 이루어진 구.

這一, 那一, 這幾本, 那一張, 這個, 那個, 哪個

⑤ 동사구(動詞短語) : '동사 + 연대성분'으로 이루어진 구.

打球, 看報紙, 打掃乾淨, 走出去, 正確對待, 分別處理, 明明地道

⑥ 동명사구(動名詞短語) : '수식성분 + 동사'로 이루어진 구.

家庭訪問, 群衆的創造, 圖書的管理

⑦ 형용사구(形容詞短語) : '형용사 + 연대성분'으로 이루어진 구.

極其重要, 很高, 大兩歲, 好點兒

⑧ 전치사구(介詞短語) : '전치사 + 명사'로 이루어진 구.

在北京, 從今天, 到明天, 給大家, 對同學, 向各位

⑨ '的'자구('的'字短語) : '的'를 사용하여 끝맺음을 하는 구.

我的祖國, 研究的問題, 革命的一生, 聰明的人, 新鮮的空氣, 萬一的機會

對問題的看法, 關於戰爭的消息, 噹噹的鐘聲, 工業發展的速度,

寄來的信

⑩ 구(短語) 안에 구를 포함하는 구

新編小學語文課本 → 小學語文課本/語文課本 (구 안의 구)

積極進行調查研究 → 進行調查研究/調查研究 (구 안의 구)

4. 문장의 종류

사람들이 언어를 사용하여 정보를 교환하고 사상을 교류할 때에는 반드시 문장(句子)을 기본 단위로 한다. 즉 문장은 언어의 기본적인 사용 단위이다. 문장은 형태소, 단어, 구보다 큰 문법 단위이다. 이것은 양적인 면에서 비교한 것이 아니라 교제 기능면에서 비교한 것이다. 왜냐하면 한 문장은 단 하나의 단어로도 이루어지지만, 한 개의 구는 반드시 두 개 이상의 단어를 포함하여야만 하나의 단위가 되기 때문이다. 문장의 주요 표지(標誌)는 문장이 형성되었다는 억양(語調)인데, 경우에 따라서 어기조사를 쓰거나 서면(書面)에서는 마침표, 물음표, 느낌표 등의 문장부호를 사용한다. 문장은 어기와 구조에 따라서 여러 가지 유형으로 분류할 수 있다.

(1) 어기에 따른 분류

문장은 어기와 용도에 따라 진술문, 의문문, 명령문, 감탄문으로 분류할 수 있다.

① 진술문(陳述句)

진술문/서술문은 어떤 사실을 서술하거나 설명하는 문장이다. 긍정 어기의 서술이든 부정 어기의 서술이든 관계없이 모두 진술문에 해당한다.

我在上海生活了一年。 (긍정 어기의 서술)
天空藍得跟大海一樣。 (긍정 어기의 서술)
我不會做出這種事情的。 (부정 어기의 서술)
我沒有同他講過這樣的話。 (부정 어기의 서술)

② 의문문(疑問句)

의문문은 의문이나 질문을 제기하는 문장이다. 질문 방식에 따라 시비의문문, 정반의문문, 특지의문문, 선택의문문으로 나눌 수 있다.

㉠ 시비의문문(**是非問句**)

단순히 긍정이나 부정의 대답을 요구하는 의문문이다. 의문을 나타내는 어기조사 '嗎', '啊'를 문장의 끝에 쓰지만, 문장 자체가 의문의 어기를 띠는 경우에는 어기조사를 쓰지 않기도 한다. 어기조사 '吧'를 써서 추측의 의문 어기를 나타내기도 한다.

你是坐飛機來的嗎？

你這樣說的是眞的啊？

你已經答應他了？

這不是你自己做的菜吧？

㉡ 정반의문문(正反問句)

긍정형과 부정형의 병렬 방식을 사용하여 의문을 제기하는 의문문이다.

你們明天來不來？

你喜歡不喜歡看電影？

你去天安門廣場不去？

同學們都報名了沒有？

㉢ 특지의문문(特指問句)

물음에 구체적인 답변을 요구하는 의문문으로 의문대사(疑問代詞)를 사용한다. 어떤 경우에는 문장의 끝에 의문을 나타내는 어기조사 '呢'를 써서 의문을 제기하기도 한다.

這是誰的手機？

你要吃什麼點心？

你們去哪兒休息？

現在幾點鐘？

你們班上有多少學生？

如果他不同意那怎麼辦？

如果他同意呢？

㉣ 선택의문문(選擇問句)

'(是)……還是……'의 형식을 사용하여, 물음에 선택적인 답을 요구하는 의문문이다.

你(是)喝茶還是喝咖啡？

你是中國人，還是韓國人？

是在這兒談，還是出去談？

③ 명령문(祈使句)

명령문은 명령, 건의, 요청, 금지를 나타내는 문장이다. 문장마다 어기의 강약 차이도 있고, 의논하는 태도나 명령하는 방식을 취하거나 금지를 나타내기도 하지만, 이들 모두 명령문에 포함시킨다.

快走！ 快走開！ 別生氣！ 千萬別忘了！(명령)

請進！ 請再說一遍！ 讓他回去吧！ 讓他睡一會兒吧！(요청)

三尺一下兒童謝絶入場！(금지)

禁止抽煙！ 請勿吸煙！ 閒人免進！ 非工莫入！(금지)

禁止/嚴禁/不准/請勿……(入內、通行、超車、停車、拍照)！(금지)

④ 감탄문(感歎句)

감탄문은 환희, 실망, 분노 등의 감정을 나타내는 문장이다.

眞好！ 精彩極了！ 多麽好看吶！ 看，街上多熱鬧呀！(환희)

哼，太不講道理了！ 眞沒希望了！(실망)

唉，我眞沒想到事情會變得這樣糟！豈有此理啊！(분노)

(2) 구조에 따른 분류

문장은 구조에 따라 주술문(主謂句)과 비주술문(非主謂句)으로 나눌 수 있다. 주술문은 중국어에서 가장 일반적인 문형이다. 중국어에서 명사나 명사구, 동사나 동사구, 형용사나 형용사구, 주술구는 모두 술어(謂語)가 될 수 있다. 주어와 술어로 이루어진 주술문는 술어의 종류와 어법성질에 따라 명사술어문, 동사술어문, 형용사술어문, 주술술어문 네 종류로 분류할 수 있다.

① 명사술어문(名詞謂語句)

명사술어문은 명사나 명사구가 술어로 쓰인 문장이다. 문장의 길이가 짧으며, 일반적으로 소속, 시간, 수량, 날씨, 특징 등을 설명할 때 쓴다.

他(是)上海人。 約翰(是)美國人。(소속)

今天(是)星期一。 現在(是)九點三刻。(시간)

她(是)二十一歲。 這本詞典(是)五十塊錢。(수량)

今天(是)陰天。 明天(是)晴天。(날씨)

他(是)高個子，大眼睛。(특징)

② 동사술어문(動詞謂語句)

동사술어문은 동사나 동사구가 술어로 쓰인 문장이다.

我(不)來。 他(不)去。

他在百貨公司工作。

現在開始上漢語課。

你請她們過來一下。

③ 형용사술어문(形容詞謂語句)

형용사술어문은 형용사나 형용사구가 술어로 쓰인 문장이다.

我很忙。 他不忙。

今天天氣非常熱。

桃子和李子快要熟了。

市中心街上熱熱鬧鬧的。

④ 주술술어문(主謂謂語句)

주술술어문은 주술구가 술어로 쓰인 문장이다.

我工作不忙。 → 我 : 대주어, 工作不忙 : 술어, 工作 : 소주어

他學習很努力。 → 他 : 대주어, 學習很努力 : 술어, 學習 : 소주어

我今天身體不舒服。 → 我 : 대주어, 身體不舒服 : 술어, 身體 : 소주어

這個問題我沒有意見。 → 這個問題 : 대주어, 我沒有意見 : 술어,

我 : 소주어

이밖에도 비주술문(非主謂句)에는 무주어문, 일어문이 있다. 무주어문(無主語句)은 주어가 없는 문장으로, 자연현상 및 시간과 관계있는 일상용어, 명령이나 금지, 격언이나 사회 관습적인 말 등에 많이 쓴다. 일어문(一語句)은 하나의 단어나 이에 상당하는 구로써 이루어진 문장으로, 사물에 대한 감탄, 주의, 설명을 표시하거나 동의 ,반대, 의문, 호칭, 감사를 표시하는 말에 쓴다.

下雨了。 到時候了。 禁止吸煙。 五月五日(端午節)吃粽子。(무주어문)

好啊！ 好香的菜！ 火車！ 電話！ 喂！ 誰！ 謝謝！ 拜拜！ (일어문)

5. 단문과 복문

(1) 단문과 복문

문장은 구조적 차이에 따라 크게 단문(單句)과 복문(複句)으로 나눌 수 있다. 단문은 문장을 구성하고 있는 글자나 단어의 많고 적음에 관계없이 구조적으로 보았을 때 구조가 매우 긴밀하게 일체를 이루는 문장이다. 앞 장에서 문장을 어기와 용도에 따라 진술문, 의문

문, 명령문, 감탄문으로 나누고, 구조에 따라 주술문과 비주술문으로 나누었는데, 이는 모두 단문에 해당한다. 이와 반면에 복문은 문장을 구성하고 있는 글자나 단어의 많고 적음에 관계없이 구조적으로 보았을 때 문장이 분명하게 두 부분으로 나누어지고, 또 각 부분의 구조가 하나의 단문에 해당하는 두 개의 절(分句)이 결합한 문장이다.

一個新來的大學畢業生擔任營業小組長。(단문)

風停了，雨也住了。(복문)

無論山多高，他都上得去。(복문)

(2) 복문의 유형

복문은 크게 연합복문(聯合複句)과 수식복문(偏正複句)으로 나눌 수 있다. 연합복문은 두 개 또는 두 개 이상의 절이 서로 대등한 관계를 이루고 있는 반면, 주절과 종속절로 이루어진 수식복문은 주절이 문장 전체의 중심이 되고 종속절은 주절을 수식하여 보충 설명한다. 이 밖에도 축약문(緊縮句)이 있는데, 축약문은 복문의 절에 쓰인 술어가 긴밀하게 연결되었을 때 절과 절 사이의 쉼을 없애고 몇몇 단어를 생략하여 겉으로는 마치 하나의 단문같이 보이는 복문이다.

① 연합복문

연합복문은 절과 절 사이의 관계에 따라 병렬복문, 연관복문, 점층복문, 선택복문으로 나눌 수 있다.

㉠ 병렬복문(竝列複句)

몇 개의 절을 병렬하여 사건과 상황을 나누어 묘사하거나 설명한다. 자주 사용되는 관련사는 다음과 같다.

也……, 又……, 還……, 旣……又/也……, 又……又……

是……不是……, 不是……而是……, 一邊/一面……一邊/一面……

㉡ 연관복문(連貫複句)

몇 개의 절이 순서에 따라 연이어 있으며, 연속되는 동작이나 사건을 설명한다. 자주 사용되는 관련사는 다음과 같다.

就, 便, 又, 再, 才, 於是, 然後, 一……就……, 首先……然後……

㉢ 점층복문(遞進複句)

뒤에 나오는 절이 앞의 절보다 한 단계 더 발전된 의미를 나타낸다. 자주 사용되는 관련사는 다음과 같다.

而且, 並且, 還, 更, 甚至, 不但……也/還/更……, 不但/不僅……而且……

㉣ 선택복문(選擇複句)

두 개 또는 두 개 이상의 절에서 제시하는 몇 가지 내용 중 한 가지 사실을 선택한다. 자주 사용되는 관련사는 다음과 같다.

或者, 或者……或者……, 是……還是……, 要麽……要麽……

不是……就是……, 與其……不如……, 寧可……也/決不……

② 수식복문

수식복문은 절과 절의 관계에 따라 가정복문, 인과복문, 전환복문, 조건복문, 양보복문, 목적복문으로 나눌 수 있다.

㉠ 가정복문(假設複句)

종속절은 가정이나 가설을 제시하고, 주절은 이 가정이나 가설이 초래하는 결과를 나타낸다. 자주 사용되는 관련사는 다음과 같다.

如果/假如/要是……那麽/就……

㉡ 인과복문(因果複句)

종속절은 원인을 설명하고, 주절은 그 결과를 제시한다. 자주 사용되는 관련사는 다음과 같다.

由於, 所以, 因此, 因而, 以至(於), 因爲……所以……

之所以……是因爲……, 旣然……就……

㉢ 전환복문(轉折複句)

종속절은 하나의 사실을 설명하고, 주절은 전체 또는 부분적으로 반대되는 결과를 나타낸다. 자주 사용되는 관련사는 다음과 같다.

卻, 但是, 可是, 不過, 反而, 然而, 雖然/儘管……但是/可是……

㉣ 조건복문(條件複句)

종속절은 조건을 나타내고, 주절은 그 결과를 나타낸다. 자주 사용되는 관련사는 다음과 같다.

只要……就……, 只有……才……, 除非……才……

無論/不論/不管……都/也……

ⓜ 양보복문(讓步複句)

종속절은 어떤 가설을 세우고, 주절은 그와 상반되는 측면에서 그 의미를 설명한다. 자주 사용되는 관련사는 다음과 같다.

卽使/哪怕/就是/就算……也/都……

ⓑ 목적복문(目的複句)

종속절은 목적을 나타내고, 주절은 그 목적을 달성하기 위해 사용하는 방법을 나타낸다. 자주 사용되는 관련사는 다음과 같다.

爲了, 爲了……起見, 以便, 以免, 免得, 省得

(3) 특수한 문형

현대중국어의 문장 형태는 일반적으로 '주어+동사+목적어'의 어순 구조로 이루어져 있으므로 술어가 비교적 간단하다. 그러나 동사술어문 중에는 술어의 구조가 비교적 복잡하고 특수한 문장이 있다. 이러한 문장을 '특수문형(特殊句)'이라고 한다.

① '是'자문("是"字句)

동사 '是'는 긍정적인 판단을 나타내거나 동등, 소속, 특징, 비유, 설명, 대비, 존재, 강조 등의 의미를 나타내기도 한다. '是' 뒤에는 '了', '着', '過' 등의 동태조사와 각종 보어를 쓸 수 없다.

她是小王的媽媽。

我是學生，他是老師。

這裏不是吃飯的地方。

那裏的房子都是新蓋的。

書桌上是一本漢語詞典。

② '有'자문("有"字句)

동사 '有'가 술어의 중심이 되어 소유, 존재, 발생, 열거, 포괄, 도달 등의 의미를 나타내기도 한다. 대부분 '명사+有+명사'의 형태를 취하며 부정형식은 '沒有'이다.

我有新型智能手機。

他沒有很多財産，只有一棟舊公寓。

藍藍的天空沒有一點雲彩。

中國去年國民所得又有了增長。

同學們有的看書，有的聊天，有的睡覺。

③ '把'자문("把"字句)

전치사(介詞) '把'는 목적어를 앞으로 끌어내어 동작의 처치(處置) 의미를 나타낸다. '동작의 처치'란 동작동사의 행위나 동작으로 인해 결정된 사물이 모종의 영향을 받아 변화하거나 어떤 결과에 이르도록 작용하는 것이다.

我把她忘了。

請你把看過的書都放在書架上。

我們都把你當作最可靠的朋友。

我非把跆拳道和太極拳練好不可。

我已經把我的女朋友介紹給我父母了。

④ '被'자문("被"字句)

전치사 '被'를 사용하여 피동(被動)을 나타내는 '被'자문은 사물이 어떤 영향을 받아 변화가 일어남을 표시한다. '被' 뒤에 목적어가 오지 않을 수도 있으며, '被'자문의 동사 앞에는 '所'(주로 문장어)나 '給'(주로 구어)가 올 수도 있다.

我被他嚇了一跳。

我的自行車被(人)偷走了。

那孩子被他媽媽給慣壞了。

我被老師的這番話所激動。

觀衆被劇情所感動，流下了眼淚。

⑤ 연동문(連動句)

한 문장에서 두 개 이상의 동사나 동사구가 같은 주어를 서술한다. 연동문에서 연이어 사용하는 동사의 위치는 동작이 행해지는 순서에 따른다.

我用英文寫論文。

我坐地鐵去首都國際機場。

他看完電影回學校宿舍去。

我完全有資格參加這次研討會。

我昨天去美術館參觀了一個畫展。

⑥ 겸어문(兼語句)

한 문장에서 첫 번째 술어의 목적어가 두 번째 술어의 주어를 겸하여 사역을 나타내거나, 호칭 또는 인정의 의미를 나타낸다.

他叫我帶來筆記本電腦。

總經理讓我去美國分公司工作。

她父母不讓她和那些人交朋友。

他怪我們沒有把實際情況告訴他。

中國遊客稱讚她們服務特別周到。

⑦ 존현문(存現句)

사람이나 사물의 존재, 출현, 소실을 나타내는 문장이다. 존현문에서 목적어는 '一個', '幾個', '許多' 등의 수식을 받을 수 있으나, '這個', '那個'의 수식을 받을 수 없다.

書桌上有一本漢語詞典。(존재)

昨天我們家來了幾個客人。(출현)

地球上出現了一個人類始祖。(출현)

學術研討會中途走了幾個專家。(소실)

這一頁漏了許多漢字和統計表。(소실)

참고문헌

朱德熙 著, 『語法講義』 : 商務印書館(北京), 1982.

李臨定 著, 『現代漢語句型』 : 商務印書館(北京), 1986.

김근 저, 『새 中國語 文法』(개정판) : 계명대학교출판부(대구), 1994.

찰스 N. 리 · 샌드라 A. 톰슨 저, 박종한 외 5인 옮김, 『標準中國語文法』(수정판) : 한울아카데미(서울), 1996.

朱德熙 著, 許成道 譯, 『현대 중국어 어법론』 : 사람과 책(서울), 1997.

이상도 저, 『중국어문법(중국어작문 · 문법)』 : 동방미디어(서울), 1997.

최영애 저, 『중국어란 무엇인가』 : 통나무(서울), 1998.

楊德峰 編著, 『漢語與文化交際』 : 北京大學出版社(北京), 1999.

陸儉明 · 馬眞 著, 『現代漢語虛詞散論』 : 語文出版社(北京), 1999.

呂叔湘 主編, 『現代漢語八百詞』(增訂本) : 商務印書館(北京), 1999.

허성도 외 3인 공저, 『중국어학개론』 : 한국방송통신대학교출판부(서울), 2000.

相原茂 외 3인 공저, 박귀진 · 민병석 옮김, 『왜?라는 질문에 속 시원히 답해주는 중국어문법책』 : 시사중국어문화원(서울), 2001.

劉月華 外 2人 著, 『實用現代漢語語法』(增訂本) : 商務印書館(北京), 2002.

강윤옥 저, 『실용 중국어 문법』 : 신아사(서울), 2004.

송영정 외 3인 공저, 『중국어상용한자2500』 : 계명대학교출판부(대구), 2005.

陳阿寶 · 吳中偉 編著, 『現代漢語概論』 : 北京語言大學出版社(北京), 2002.

陳阿寶 · 吳中偉 편저, 김난미 · 김정은 편역, 『현대중국어개론』 : 다락원(서울), 2005.

北京大學中文系 編, 김애영 외 3인 공역, 『현대중국어의 이해(現代漢語)』 : 차이나하우스(서울), 2007.

蔡宗陽 著, 『國文文法』 : 萬卷樓圖書股份有限公司(臺北), 2008.

溫端政 저, 제해성 역주, 『형상과 해학의 중국숙어 歇後語』 : 신아사(서울), 2012.

제2부
중국문학의 이해

제1장
중국문학의 특징

1. 역사적 특징

중국 문학은 3,000년이 넘는 역사를 지니고 있다. 확실한 연대를 알 수 있는 가장 오래된 문학인 『시경(詩經)』의 일부 작품은 서주(西周) 초인 기원전 11세기경에 지어졌다. 서구 문학도 역사는 오래지만 그 전통이 부단히 변화하였다. 그러나 중국 문학은 전통이 단절된 적이 없다. 뿐만 아니라 새로운 양식이 부단히 출현하고 한 번 출현한 장르는 원칙적으로 소실되지 않았다.

그 배경에는 인본사상이라는 중국인의 세계관이 깔려 있다. 사람을 우주의 중심으로 보고 현실을 중시하는 사상 때문에, 문학을 인류 보편의 처지나 감정을 표현하는 수단으로 보려는 문학관이 형성되었다. 이 때문에 수천 년이라는 긴 역사를 거치면서도 문학의 형식은 물론 내용과 문학사상도 큰 변화 없이 지속되었던 것이다.

2. 지리적 특징

중국은 영토가 남북으로 열대에서 한대까지 걸쳐 있는데, 이러한 자연 환경의 차이는 문학에 있어서 남북의 성격을 뚜렷이 구분해주는 요인이 된다. 북방은 대체로 중국 문명의 발상지인 황하(黃河) 유역의 이른바 중원 지방을 말하며, 남방은 대체로 양자강(揚子江) 유역을 중심으로 그 이남 지역을 지칭한다. 북방은 기후가 한랭한데다 황하의 범람이 잦으며 물산이 풍부하지 못한 반면, 남방은 기후가 온화한데다 토지가 비옥하고 관개가 편리하여 물산이 풍부하다. 북방 사람들은 불리한 환경을 극복하기 위해 자연히 현실적, 투쟁적, 이지적, 산문적인 성격을 지니게 된 반면, 남방 사람들은 현실 생활의 문제에 집착할 필요가 없어 공상적, 평화적, 낭만적, 시적인 성격을 지니게 되었다.

중국 최초의 시가인 『시경』의 시들은 북방 문학이며, 그보다 약 300여 년 뒤에 나온 『초사(楚辭)』는 남방 문학을 대표한다. 전자는 주로 현실 생활을 소재로 한 것이 주류를 이루는 반면, 후자는 작자의 이상과 환상을 신화와 상상을 가미하여 노래한 것이 대부분이다. 전자는 현실주의 경향을 띠고 후자는 낭만주의 경향을 보인다. 이러한 남북의 차이는 이후의 문학사에 그대로 반영된다. 남북의 지리적 차이는 시대에 따라 주류를 달리하면서 대립하기도 하고 상호 수용을 통하여 융합하기도 하면서 중국 문학의 흐름에 영향을 미쳤다.

3. 사상적 특징

춘추전국 시대에는 수많은 사상가들이 출현하여 세상을 경륜할 자신들의 사상을 내놓았는데, 이들을 흔히 제자백가(諸子百家)라고 부른다. 그 중에서도 가장 대표적이며 상호 대립적인 입장에서 중국 문학에 영향을 미친 것이 유가(儒家)와 도가(道家)이다.

유가는 북방을 대표하는 사상으로, 현실을 중시하고 실천적 성격이 강하며 창작을 부정하고 계승과 복고를 중시하여, 허구와 상상을 필요로 하는 순문학과는 거리가 멀다. 그렇지만 유가는 그들의 이상인 덕치(德治)와 예교(禮教)의 실천을 위하여 예악(禮樂)을 중시하였다. 즉 예를 통하여 인간의 행동을 다스리어 세상의 질서를 바로잡고, 악으로써 인간의 성정을 교화하여 세상의 조화를 이루려 하였다. 그래서 공자는 악과 불가분의 관계가 있는 시(詩)의 사회 교화를 위한 효용성을 중시하였다. 중국문학이 현실주의 경향을 지향하는 점과 이전의 문학에서 전범을 찾으려는 복고적 경향을 견지하는 것은 유가사상의 영향이다.

도가 사상은 전국 시대에 남방에서 생겨난 것으로 인위적인 기교를 부정하고 무위자연을 중시한다. 따라서 문학의 독창성과 진화성을 부정하는 유가사상의 역기능을 보완할 수 있었다. 또한 도교의 신선 사상과 불로장생의 추구는 유가에서는 찾을 수 없는 환상과 허구를 가능하게 하여 중국문학의 내용을 더욱 풍부하게 하였다. 동한 시대에 수입된 불교도 도가 사상과 같은 측면에서 영향을 미쳤다.

4. 문자적 특징

중국 문학의 표현 수단인 한자(漢字)는 상형문자이며 표의문자이다. 한자는 형(形), 음(音), 의(義) 삼요소로 이루어져 있다. 한문은 기본적으로 단음절어이고 고립어라는 특징을 지닌다.

이러한 특징 때문에 중국에서는 듣기 좋고 보기 좋게 문장을 구성하려는 심미적 관념이 생기게 되었다. 중국인들은 예로부터 '문(文)'자의 의미를 '사물이 서로 섞여 있는 것'(『周易·繫辭傳』) 또는 '교차하는 획'(『說文解字』)이라고 풀이하였다. 뿐만 아니라 '문장' 역시 '비단에 놓은 수처럼 여러 글자를 아름답게 조합한 것'(『釋名』)이라고 인식하였다. 유가의 창시자인 공자도 "말을 하더라도 꾸미지 않는다면 멀리 전해질 수 없다(言之無文, 行而不遠)."(『左傳·襄公』)고 하여, 의미의 전달을 위해서는 아름답게 꾸미는 수사[文]가 필요하다고 하였다.

따라서 중국문학은 내용 면에서 공용주의 내지 현실주의를 추구하는 것과 별개로, 형식면에서는 유미주의로 나아가려는 심미적 경향을 지닐 수밖에 없었다.

제2장
선진(先秦) 양한(兩漢) 문학

선진 양한 시대는 중국문학이 본격적으로 발전하기 위한 준비기였다. 문학의 주체인 작자와 독자는 일부 귀족과 천자였으며 후기에는 일부 지식인으로 확대되는 경향을 보였다. 문학의 위상도 정치의 부용(附庸)에 불과하였으나, 후기인 양한 시기에는 순문학성이 강한 작품이 창작되기 시작하면서 독자적 발전의 기틀을 마련하였다.

1. 선진(先秦) 문학

선진은 서주 초인 기원전 11세기경부터 진이 천하를 통일한 기원전 221년 이전의 시기를 말한다. 이 시기의 문학은 시가로는 『시경』과 『초사』가 있고, 산문으로는 역사 사실을 기록한 역사산문과 제자백가(諸子百家)라고 불리는 사상가들의 주장을 담은 제자산문이 있다.

(1) 시가 :『시경』과『초사』

①『시경(詩經)』

『시경』은 중국문학의 비조로 최초의 시가 총집(總集)이다. 옛날에는 '시(詩)', '시삼백(詩三百)', '삼백편(三百篇)' 등으로 불렸다. 창작 시기는 대략 서주 초(기원전 11세기)에서 춘추 중엽(기원전 6세기 경)에 이르는 약 5백여 년 동안이다. 지역은 대체로 북방의 섬서성(陝西省)에서 산동성(山東省)에 이르는 황하 유역이어서 북방문학을 대표한다.

『시경』의 편찬은, 채시관이 민간 가요를 수집하거나[採詩], 공경대부가 천자에게 바치거나[獻詩], 천자가 순수(巡狩)할 때 태사(太師)가 바치는[陳詩] 과정을 거쳐 수집된 것을, 태사가 정리한 것이다.『시경』에는 모두 305편의 시가 실려 있다.

『시경』의 체재는「풍(風)」,「아(雅)」,「송(頌)」으로 구성되어 있다.「풍」은「국풍(國風)」이라고도 하는데 15개 제후국의 민요로 모두 160편이다.「아」는 사대부의 노래로 모두 105편인데, 다시「소아(小雅)」74편과「대아(大雅)」31편으로 나눠진다.「대아」는 조회의 음악이고「소아」는 연회의 음악이다.「송」은 모두 40편으로 다시「주송(周頌)」31편,「노송(魯頌)」4편,「상송(商頌)」5편으로 나눠지는데, 각각 주 왕실과 노나라, 송나라의 종묘제례악이다. 이 중 민간 가요인「국풍」이 문학성이 가장 탁월하다.

『시경』의 내용은 주로 남녀 간의 사랑 문제를 노래한 서정시(抒情

詩)와 사회의 여러 문제를 다룬 사회시(社會詩), 연회나 제례 등에 사용된 전례시(典禮詩)로 나눌 수 있다. 서정시는 「국풍」의 대부분과 「소아」의 일부 작품이 여기에 속한다. 사랑의 기쁨과 갈등, 그리움, 짝사랑 및 행역(行役)으로 인한 그리움 등을 노래한 것이 대부분이다. 중국문학이 서정 위주로 발전하게 되는 바탕이 된다. 사회시는 「국풍」과 「소·대아」에 많은데, 생활의 고난이나 사회의 모순을 고발한 시가 대부분이다. 풍유론(諷諭論)이 중국의 전통적인 문학이론으로 발전하는 바탕이 된다. 전례시는 「아」와 「송」의 연회와 제례 등에 쓰인 노래로, 문학성은 떨어지지만 고대 사회사 자료로서의 가치를 지닌다.

『시경』의 표현 기교로는 부(賦), 비(比), 흥(興)이 있다. 부는 사실을 있는 그대로 묘사하는 직설적 수사 기법[직설법]으로 「아」와 「송」의 대부분 및 「빈풍(豳風)·칠월(七月)」 등 「풍」의 일부에 나타난다. 비는 비유나 의인·의물 등의 수법[비유법]으로 「풍」에 가장 광범하게 나타난다. 흥은 다른 사물을 끌어와 연상하는 수법[연상법]으로 「풍」에 성공적으로 운용되었다.

② 『초사(楚辭)』

'초사'에는 두 가지 의미가 있다. 하나는 서한 시대에 나온 문체 이름으로, 초(楚) 지방에서 나온 시가에 대한 일반적 호칭이다. 다른 하나는 책 이름으로, 서한 유향(劉向 : 77~6B.C.)이 이러한 체재의 작품을 뽑아 모아 엮은 것을 말한다. 굴원(屈原), 송옥(宋玉), 경차(景差) 등 초나라의 문인 외에 유향 자신을 포함한 서한 문인의 작품도 수록하였다. 동한의 왕일(王逸)은 여기에 자신의 작품을 넣어 모두 17편에 주를 붙인 뒤 『초사장구(楚辭章句)』라고 이름을 붙였다. 이것이 현재 전해지는 『초사』이다.

이 중 전국시대 초나라의 작품은 굴원(340~278B.C.)의 「이소(離騷)」, 「구가(九歌)」, 「천문(天問)」, 「구장(九章)」과 송옥(298?~222?B.C.)의 「초혼(招魂)」, 「구변(九辯)」, 경차(290~223B.C.)의 「대초(大招)」 등 7편이다. 그 중에서도 문학성이 가장 뛰어난 작품은 「이소」이다.

「이소」는 굴원이 추방된 뒤에 지은 376행 2,500여 자의 장편 시가이다. 굴원은 이 작품에서 자신의 재능에 대한 자부와 불행한 처지, 현실 세계에서의 이상 실현 불가능, 천상 세계로의 여행, 천제를 향한 고충의 하소연 등을 차례로 서술한 뒤, 다시 현실로 돌아와 자살을 암시하는 것으로 마무리하였다. 향초(香草)로 자기의 수양을 비유하고 풍부한 신화 전설을 활용하는 등 낭만적 색채가 뚜렷한 남방문학의 걸작이다.

『초사』는 『시경』과는 다른 측면에서 중국문학의 발전에 영향을 미쳤다. 첫째, 『시경』이 대부분 민중의 집단 구두 창작으로 시인의 개성이 거의 없는 데 비해, 『초사』는 시인의 독립 창작으로 선명한 개성을 지닌 개별 작가의 창작의 길을 열었다. 둘째, 『시경』이 한 구가 4언이고 편폭이 짧은 단시로 단편적인 내용을 노래한 데 비해, 『초사』는 3언 중심의 6언구를 기본으로 편폭이 길어져 시어를 해방시키고 시인의 구상력을 높였다. 셋째, 『시경』이 현실을 반영하고 소박하고 자연스러운 풍격을 지닌 현실주의적인 작품이 대부분인 데 비해, 『초사』는 작가의 풍부한 상상력을 아름다운 문장으로 표현하여 낭만주의적 경향이 뚜렷하다.

(2) 산문 : 역사산문과 제자산문

고대 산문의 추형으로는 은나라 때에 갑골문에 기록된 복사(卜辭)가 있고, 서주 시대에는 『역경(易經)』의 괘사(卦辭)와 효사(爻辭)가 있다. 또 신화와 전설도 있다. 그러나 이런 기록은 산문 작품으로 간주하기는 어렵다. 중국 산문의 양대 전통으로는 역사산문과 제자산문을 들 수 있다. 이 전통은 후대의 중국 산문의 성격을, 문장은 사실이나 사상을 표현하여 현실에 도움을 줄 수 있어야 한다고 하는 공용주의로 나아가게 결정지었다.

① 역사산문(歷史散文)

『한서(漢書)·예문지(藝文志)』에 의하면, 역대 제왕은 사관(史官)을 설치하여 임금의 거동을 반드시 기록하였다. 그것은 역사 기록이면서 역사산문이기도 하다. 선진 시대의 대표적 역사산문으로는 『상서(尙書)』, 『춘추(春秋)』, 『국어(國語)』, 『좌전(左傳)』, 『전국책(戰國策)』 등이 있다.

『상서』는 요순(堯舜) 시대부터 하은주 삼대에 이르기까지 사관의 기록으로 서사(誓詞), 포고문, 훈계 등을 주 내용으로 한다. 역사 기록의 효시라는 역사적 가치를 지니고 있고, 제왕의 언행을 기록하여 경계로 삼게 하였다는 의미에서 경전적 가치가 있으며, 사실을 기록하고 공용(功用)을 중시해야 한다는 산문 문학의 규범을 세운 문학적 가치를 지닌다.

『춘추』는 노(魯)나라 은공(隱公) 원년(722B.C.)부터 애공(哀公) 14년(481B.C.)까지의 편년사(編年史)로, 노나라 사관의 기록을 바탕으로 공자(孔子 : 551~479B.C.)가 저술하였다. 공자는 춘추 시기의 혼란을 수습하고 주 왕실의 기반을 공고히 하기 위해, 간결하면서도 근엄한 필법으로 미언대의(微言大義)를 통해, '존왕양이(尊王攘夷)'와 '정명정분(正名定分)'의 주장을 담아 이 책을 집필하였다. 문장은 매우 간결하지만 문학성은 『상서』보다 진보하였다.

『좌전』은 좌구명(左丘明 : 502?~422?B.C.)이 『춘추』의 체례에 따라 지은 편년사로, 애공 27년까지 다루어 『춘추』보다 13년이 더 많다. 『춘추』에 비해 사건의 본말 및 관련 고사를 상세히 기록하여, 문학성은 더욱 향상되었다. 두드러진 특징은 다음과 같다. 첫째, 서사가 이야기적 성격과 극적 성격이 풍부하며 인물의 성격이 선명하게 드러난다. 둘째, 복잡한 전쟁 묘사에 탁월하여, 전쟁 전의 부서, 교전 상황, 전후의 검사와 조치 등을 상세히 서술하였다. 셋째, 언어가 간결하면서도 정밀하고, 완곡하면서도 의미가 잘 드러나고 있다.

『전국책』은 춘추 이후 진(秦)의 통일까지(453~220B.C.), 주(周), 진(秦) 등 제국(諸國)의 일에 대한 잡기이다. 주로 전국 시대 모신(謀臣) 책사(策士)들의 합종(合縱)과 연횡(連橫)의 투쟁과 모의, 사설(辭說) 등을 다루었다. 언어 표현이 명백하면서 유창하고, 인물 묘사가 형상적이고 생동감이 있으며, 정교한 비유와 풍부한 우언고사를 활용하여 문학성이 풍부하다.

② 제자산문(諸子散文)

춘추전국 시대에는 사회변화가 극심하여, 신흥 계층인 '사(士)'가 출현하여 세상을 경륜할 주장들을 내놓았다. 『한서 · 예문지』에서는 이들을 '구류십가(九流十家)'로 분류하였다. 유가(儒家), 도가(道家), 음양가(陰陽家), 법가(法家), 명가(名家), 묵가(墨家), 종횡가(縱橫家), 잡가(雜家), 농가(農家)와 소설가(小說家)가 그것이다. 이들의 대표적인 저술로는 『논어(論語)』, 『맹자(孟子)』, 『순자(荀子)』(이상 유가), 『묵자(墨子)』(묵가), 『노자(老子)』, 『장자(莊子)』(이상 도가), 『한비자(韓非子)』(법가), 『여씨춘추(呂氏春秋)』(잡가) 등이 있다.

산문의 발전 단계로 보면, 『논어』와 『묵자』가 제1단계에 속하고, 『맹자』와 『장자』가 제2단계에 속하며, 논술문의 최고 단계에 이른 『순자』와 『한비자』가 제3단계에 속한다.

『논어』는 주로 공자[이름은 구(丘), 자는 중니(仲尼)]의 언행을 공자의 제자와 재전제자(再傳弟子)가 기록한 것으로, 핵심 사상은 인(仁)이다. 어록체 산문으로, 주로 기언(記言)에 주안점을 두었다.

『묵자』는 묵자[이름은 적(翟). 공자보다 조금 뒤]의 사상을 제자가 기록한 것으로, 핵심 사상은 겸애(兼愛), 비전(非戰), 상현(尙賢), 절검(節儉)에 있다. 문장은 기본적으로 어록체로 질박하면서도 논리성이 강하다.

『맹자』는 맹자[370?~289?B.C. 이름은 가(軻)]의 언행을 기록한 것으로, 인의(仁義)와 왕도정치(王道政治), 성선(性善) 등을 주장하였다. 문장은 대화체로 기세가 충만하고 감정이 강렬하며 필세가 예리하여, 종횡가와 웅변가의 기개가 넘친다. 교묘하고 적확한 비유와 우언고사를 활용한 설리(說理)가 뛰어나, 기본적으로 어록체이지만 『논어』에 비해 많이 진보하였다.

『장자』는 노자[즉 이이(李耳), 노담(老聃)이라고도 함. 도가학파의 선구]의 사상을 계승 발전시킨 것으로, 장자[360?~280?B.C. 이름은 주(周)]의 사상을 기록한 것이다. 핵심 사상은 '소요유(逍遙遊)'와 '제물론(齊物論)'이다. 문장은 많은 우언고사를 논증의 근거로 삼고, 빼어난 비유와 풍부한 어휘를 활용하여 예술성이 뛰어나다.

『순자』는 순자[330?~230?B.C. 이름은 황(況), 순경(荀卿)이라고도 함]의 사상을 기록한 것으로, 핵심 사상은 성악(性惡), 예(禮), 권학(勸學) 등에 있다. 문장은 고도의 조직성과 분석 능력을 지녔으며, 비유와 수사성이 풍부하고 다채롭다. 민간의 시가 형식을 채용한 「성상편(成相篇)」과 「부편(賦篇)」은 칠언시와 부(賦)의 발전에 영향을 미쳤다.

『한비자』는 한비[280?~233B.C. 순자의 문인]의 사상을 기록한 것으로, 핵심 사상은 '법·술·세(法術勢)'와 신상필벌(信賞必罰), 인애(仁愛)의 배척에 있다. 문장은 필봉(筆鋒)이 예리하고 논리가 철저하고 개괄, 종합, 분석, 귀납 등의 능력이 탁월하여, 선진 논술문의 진일보한 발전 양상을 보여준다. 특히 대량의 우언고사를 수록하고 있어서 우언문학의 보고라고 할 수 있다.

2. 양한(兩漢) 문학

진(秦 : 221~207B.C.)은 전국(戰國)의 혼란한 국면을 수습하여 통일 제국을 완성하였지만, 가혹한 법치와 분서갱유(焚書坑儒), 사상 통제 등 문화 말살 정책을 펼쳐 금방 멸망함으로써 이렇다 할 문학 성과를 남기지 못하였다.

한대(漢代)는 도읍을 장안(長安)에 두었던 서한(206B.C.~8)과 낙양(洛陽)으로 천도한 동한(25~220)으로 나뉜다. 동한 마지막 황제 헌제(獻帝)의 건안(建安 : 196~220) 연간은 실질적인 권한이 승상 조조(曹操)에게 있었고, 그 문학 경향은 삼국 시대로 이어진다는 점에서 위진남북조 문학에서 다룬다.

서한 시대에는 진대에 시행한, 개인의 장서를 금지한 협서율(挾書律)이 해제되어 학술 문화의 발전을 초래하였다. 무제(武帝 : 140~87B.C. 재위) 때에는 유교를 통치 이념으로 삼아 사상 통일을 완성하고, 민간 음악을 수집하고 악곡을 정리하는 악부(樂府)의 조직을 확대하여 문학예술의 발전을 촉진하였다. 동한은 초기에는 비교적 안정되었으나, 후기의 화제(和帝 : 89~109 재위) 이후 외척과 환관의 정권 쟁탈이 격렬해졌다. 환제(桓帝 : 147~167 재위)와 영제(靈帝 : 168~189 재위) 시기에는 환관 세력이 극성하여, 관료와 명사, 태학생을 중심으로 한 사인(士人) 집단이 이에 반발하다 두 차례 당고(黨錮)의 화를 당하는 사건이 발생하였다. 학술 면에서는 참위설(讖緯說)이 성행하고, 금문경학(今文經學)과 고문경학(古文經學)의 논쟁이 격렬하였다.

이 시대에는 산문이 주류를 이루었다. 그 중 시에 뿌리를 두었지만 산문적 성격이 강해진 부(賦)가 성행하여 한대를 대표하는 문학 양식이 되었다. 선진 산문의 전통을 계승한 사전산문(史傳散文)과 정론산문(政論散文)이 부와 함께 이 시기를 대표하는 산문 양식이 되었다. 시가로는 악부시(樂府詩)와 고시가 발생하여 중국 시가의 기틀을 마련하였다.

(1) 산문 : 한부, 사전산문과 정론산문

① 부(賦)

㉠ 한부(漢賦)의 특징

한대의 부를 흔히 '한부(漢賦)'라고 부르는데 다음과 같은 특징을 지닌다. 첫째, 아름다운 표현을 나열하여 직설적으로 서술한다. 둘째, 대화와 문답체를 활용하고 과장된 표현과 많은 고사를 인용한다. 셋째, 운문과 산문을 섞어 사용한 '반시반문(半詩半文)' 형태이다. 서사와 영물(詠物)의 경향이 두드러진다. 넷째, 천자와 귀족을 위한 유희적 성격이 강하다. 다섯째, 모방에 치중하는 경향을 보인다. 이런 특징 때문에 오늘날에는 산문으로 간주하는 것이 일반적 추세이다.

ⓛ 한부의 전개

한부의 발전 과정은 형성기, 전성기, 모방기, 전환기의 네 단계로 나눌 수 있다.

형성기는 서한 초기 고조에서 무제 초에 이르는 약 6,70여 년으로, 주로 『초사』를 계승한 소체부(騷體賦)가 주류를 이룬다. 대표 작가와 작품으로는 가의(賈誼 : 200~168B.C.)의 「조굴원부(弔屈原賦)」, 「복조부(鵩鳥賦)」, 「석서(惜誓)」, 매승(枚乘 : ?~140B.C.)의 「칠발(七發)」 등이 있다.

전성기는 무제 초(140B.C.)에서 성제(成帝) 말(약 7B.C.)에 이르는 약 130여 년 간이다. 이 시기의 부가 한부를 대표하는데, 산체(散體)의 장부(長賦)가 성행하였다. 60여 작가가 900여 편을 지었을 정도로 한부의 약 90%가 이 시기에 집중되었다. 대표 작가로는 사마상여(司馬相如)를 들 수 있다.

사마상여(179?~117B.C.)는 자가 장경(長卿)으로, 촉군(蜀郡) 성도(成都) 즉 지금의 사천(四川) 성도 사람이다. 대표작으로 양효왕(梁孝王)의 성대한 사냥을 묘사한 「자허부(子虛賦)」와 무제의 성대한 사냥을 묘사한 「상림부(上林賦)」가 있다. 그밖에 무제가 신선을 좋아하는 것을 풍자한 「대인부(大人賦)」와 자신의 호색하는 마음을 억제하기 위해 지었다는 「미인부(美人賦)」, 실총을 한 진황후(陳皇后)를 위해 지었다는 「장문부(長門賦)」 등이 있다.

그 밖의 작가와 작품으로는 동방삭(東方朔)의 「칠간(七諫)」과 「답객난(答客難)」, 왕포(王褒 : 90~51BC)의 「통소부(洞簫賦)」 등이 있다.

모방기는 서한 말에서 동한 중엽까지로, 형식과 격조가 정형화하고 이전의 사마상여 등의 작품을 모방하는 풍조가 성행하였다. 대표 작가와 작품으로는 양웅(揚雄 : 53B.C.~18)의 「감천부(甘泉賦)」와 「우렵부(羽獵賦)」, 반고(班固 : 32~92)의 「양도부(兩都賦)」 등이 있다.

전환기는 동한 말까지로, 서정부와 단편의 서사 소부(小賦)가 나타났다. 대표 작가와 작품으로는 장형(張衡 : 78~139)의 「사현부(思玄賦)」, 「귀전부(歸田賦)」, 「촉루부(髑髏賦)」 등이 있다.

ⓒ 한 이후 부의 전개

한대와 그 이후의 부는 성격에 따라 흔히 넷으로 나눈다. 첫째, 고부(古賦)이다. 『초사』에서 한, 위, 진까지 성행한 부로 한부가 그 중심이다. 둘째, 변부(騈賦)이다. 배부(俳賦)라고도 하는데, 남조에서 당대에 이르는 시기의 부로 우구(偶句)에 압운을 하여 변문(騈文)과 유사하다. 셋째, 율부(律賦)이다. 당대에 과거의 답안으로 등장한 율시화한 부로 청대에까지 지어졌다. 넷째, 문부(文賦)이다. 북송의 구양수(歐陽修)와 소식(蘇軾) 등이 고문운동을 하면서 짓기 시작한 산문체의 부로, 부분적으로 압운을 하였다. 후세 응수문(應酬文)에 많이 사용되었다. 소식(蘇軾)의 「적벽부(赤壁賦)」가 문부의 대표작이다.

② 사전산문과 정론산문

㉠ 사전산문(史傳散文)

선진 시대의 역사산문을 계승한 것이다. 서한 사마천(司馬遷)의 『사기(史記)』와 동한 반고(班固)의 『한서(漢書)』가 있다.

사마천(145~86B.C.)은 부친을 이어 태사령(太史令)이 되었다. 그러나 흉노에게 포로가 된 이릉(李陵)을 변호하다가 무제의 분노를 사서, 궁형(宮刑)을 당하고 관직도 박탈된 채로, 발분하여 불후의 역작 『사기』를 저술하였다.

『사기』는 황제(黃帝)에서 무제 천한(天漢) 말까지 약 2,600여 년의 통사(通史)로, 기전체(紀傳體) 역사서의 효시이다. 그 체제는 제왕의 전기인 12본기(本紀), 시사를 정리한 10표(表), 제도를 정리한 8서(書), 제후의 전기인 30세가(世家)와 인물의 전기인 70열전(列傳) 등 130편으로 이루어져 있다. 이러한 체재는 후대의 정사(正史)의 표준이 되었다.

『사기』는 내용이 방대할 뿐만 아니라, 풍부한 어휘와 세련된 언어, 넘치는 기상 등 고도의 언어예술을 운용하여, 인물묘사에 탁월한 성취를 보여준다. 특히 인물의 성격에 따른 다양한 필치와 언어로 개성을 선명하게 부각하여 문학적 성취가 뛰어나다. 노신(魯迅 : 1881~1936)은 『사기』를 "역사가의 명문이요 압운하지 않은 「이소」(史家之絶唱, 無韻之「離騷」)"라고 극찬하였다.

동한의 반고(32~92)가 저술한 『한서』는 한 고조부터 신(新)의 왕망(王莽)까지 서한의 역사를 기록한 단대사(斷代史)이다. 『사기』의 체제를 기본적으로 따르되 서(書)를 지(志)로 명칭을 바꾸고 세가를 열전과 합쳤다. 모두 12기(紀), 8표, 10지(志), 70열전 등 100편으로 이루어져 있다. 특히 「예문지(藝文志)」는 고대 문헌자료를 정리하여 매우 중요한 가치가 있다. 문학적인 면에서는 『사기』의 문장이 질박하고 기세가 강하며 직설적이고 핵심을 찌르는 것에 비해, 『한서』는 전아하고 세련되며 풍부하고 상세하다.

㉡ 정론산문(政論散文)

선진 시대 제자산문 계통의 산문이다. 한대에는 정치가들이 현실 문제에 대한 많은 정견을 발표하여 정론 산문의 발전을 촉진하였다. 대표적인 저술로는 진이 인의를 버리고 법률에만 맡겨 멸망하였음을 비판한 가의(賈誼 : 200~168B.C.)의 「과진론(過秦論)」, 중농억상 정책을 건의한 조조(鼂錯 : 200~154B.C.)의 「논귀속소(論貴粟疏)」, 소금·철·술의 전매 제도와 균수(均輸)·평준책(平準策)에 관한 논쟁을 기록한 환관(桓寬)의 『염철론(鹽鐵論)』, 시폐를 논평한 왕부(王符 : 85?~163?)의 「잠부론(潛夫論)」과 중장통(仲長統 : 179~220)의 「창언(昌言)」, 시정(時政)의 시비득실을 논평한 최식(崔寔 : 103?~170?)의 「정론(政論)」 등이 있다.

제자산문의 전통을 직접 계승한 철리산문(哲理散文)으로는 회남왕 유안(劉安 : 178?~122B.C.)의 『회남자(淮南子)』, 양웅(揚雄 : 53B.C.~18)의 『법언(法言)』과 『태현경(太玄經)』, 왕충(王充 : 27~100?)의 『논형(論衡)』 등이 있다.

『논형』에는 몇 가지 주목할 만한 문학관이 들어 있다. 첫째, 문장은 권선징악과 경세치용에 도움이 되어야 한다고 하여 실용성을 강조하였다. 둘째, 지나친 수식을 반대하고 내용을 중시할 것을 주장하였다. 셋째, 모방을 반대하고 개성과 독창을 강조하였다. 넷째, 분명하고 명백한 통속적 표현을 중시하였다. 다섯째, 사부(辭賦)는 문장은 화려하나 난해하여 교화에 효과가 없다는 이유로 반대하였다.

(2) 시가 : 악부와 오언고시의 발생

① 악부(樂府)

악부는 본래 민요를 수집하고 문인의 시에 곡을 붙이는 일을 주요 업무로 하는 음악 기관의 명칭이다. 나중에는 악부에서 수집하고 정리한, 음악성을 띤 시체(詩體)를 악부시 또는 악부로 부르게 되었다.

현존하는 한대 민간 악부는 모두 30여 수에 불과하다. 대표작으로는 한대 민요의 주류인 「상화가사(相和歌辭)」에 속하는 것으로 「동문행(東門行)」, 「고아행(孤兒行)」, 「부병행(婦病行)」이 있다. 각각 식솔의 생계를 꾸리기 어려워 칼을 들고 강도짓을 하려는 가장, 부모를 일찍 여의고 큰형과 형수로부터 온갖 구박을 받는 고아, 병들어 숨을 거두기 전에 남편에게 막내를 당부하는 아내를 주인공으로 하여, 생활의 다양한 고난상을 반영하여, 현실주의 색채가 농후한 작품이다.

그밖에 북방 군중의 민요인 「고취곡사(鼓吹曲辭)」에 속하는 것으로 「요가십팔곡(鐃歌十八曲)」이 있다. 또 문인의 작품으로 「고어과하읍(枯魚過河泣) 등이 있고, 천자의 제사에 사용한 「교묘가사(郊廟歌辭)」에 속하는 것으로 「교사가(郊祀歌)」와 「방중가(房中歌)」가 있다.

한 악부시는 다음과 같은 특징을 지닌다. 첫째, 현실에서 구체적으로 겪은 애환을 사실적으로 노래하였다. 둘째, 대화와 독백 등 언어와 행동 묘사를 통하여 인물의 성격을 표현한 것이 많다. 셋째, 구어를 활용하여 시어가 자연스럽고 소박하며 감정이 풍부하다. 넷째, 고정된 장법(章法)과 구법(句法)이 없고 형식이 자유롭고 다양하다.

한 악부는 후대 문학에 다음과 같은 영향을 미쳤다. 첫째, 악부의 현실주의 전통은 건안(建安)을 거쳐, 성·중당의 두보(杜甫)와 백거이(白居易) 등의 '신악부(新樂府)'로 이어져, 풍유(諷諭)의 문학론을 형성하였다. 둘째, 새로운 시가 형식의 형성에 영향을 주었다. 그 중 오언시는 동한 이후 중국 시가의 중요한 전통 형식이 되었다. 셋째, 표현 수법 특히 서사시의 창작 기교 면에서 후대의 전범이 되었다.

② 오언고시(五言古詩)

오언고시는 『시경』의 형식적 진화를 거치고, 직접적으로는 악부시의 영향을 받아 형성되었다. 한대의 오언고시는 주로 동한 시대에 지어졌으며, 간결하고 생동감 넘치는 묘사와 평이하고 솔직한 표현을 특징으로 한다.

문인 작품으로는 반고(32~92)의 「영사(詠史)」, 장형(78~139)의 「동성가(同聲歌)」, 진가(秦嘉)의 「증부시(贈婦詩)」, 채옹(蔡邕 : 133~192)의 「취조(翠鳥)」, 역염(酈炎 : 150~177)의 「현지시(見志詩)」, 조일(趙壹 : 168?-189?)의 「질사시(疾邪詩)」, 신연년(辛延年 : 220~?)의 「우림랑(羽林郎)」, 송자후(宋子侯)의 「동교요(董嬌嬈)」, 채옹의 딸 채염(蔡琰)의 「비분시(悲憤詩)」 등이 있다.

그러나 한대 오언고시의 대표작은 작자 미상의 「고시십구수(古詩

十九首)」와 기타 「고시」를 들어야 할 것이다. 이들은 모두 동한 말의 하층 문인들이 지은 것이다. 특히 「고시십구수」는 혼란한 동한 말기 사회를 배경으로 하여, 사인(士人)의 벼슬길에서 실의, 인생무상, 남녀 간의 상사와 이별의 정, 인정세태 등을 노래하였다. 간결하면서도 세련된 표현에 진솔한 감정이 돋보이고 자연스럽고 질박한 풍격을 보이는 수작이 많다.

그밖에 칠언고시(七言古詩)로 장형의 「사수시(四愁詩)」가 있지만, 초가(楚歌)의 흔적이 남아 있다.

제3장
위진남북조(魏晉南北朝) 문학

동한 말 건안(建安) 연간(196~220)부터 송(宋) 말(1275)까지는 중세 문학 시기로, 시문 중심의 정통 문학의 발전·성숙·극성기이다. 건안 말(196~220)에서 위진남북조(220~589)에 이르는 약 400년간은 그 중 제1단계에 해당한다. 이 시기는 문학이 정치의 부용에서 벗어나 독자적인 위상을 확립함으로써, 문학의 자각 시대로 불린다. 시가에서 오언 고시가 성숙하고 발달하여 문단의 중심을 차지하였다. 산문은 변문(騈文)과 변부(騈賦)가 성행하였으며, 소설에서는 문언소설의 추형으로 '지괴(志怪)'와 '지인(志人)'이 출현하였다. 문학 이론에 관한 저술과 문학선집이 나오기 시작한 점도 주목을 끈다.

이 시기는 전반적으로 혼란하고 변화가 많던 시대였다. 정치 사회적으로는 이민족의 침략과 내란, 군벌의 난립, 잦은 왕조 교체와 권력 투쟁 등으로 매우 혼란하였다. 이에 따라 문사들이 해를 당하는 일이 비일비재하였다. 사상적으로는 유교가 쇠락하는 대신 노장(老莊) 사상이 흥기하고 동한 시대에 수입된 불교도 널리 전파되기 시작하였다.

이 때문에 전통 예교(禮敎)를 반대하고 음주와 일락(逸樂)을 추구하는 등의 새로운 인생관이 형성되었다.

위진(魏晉)의 문학은 노장(老莊)의 무위자연과 도교의 신선사상, 불교의 염세사상을 추구하는 경향에 맞춰 현언시(玄言詩)와 유선시(遊仙詩)가 성행하고, 산수전원으로 은일하려는 경향에 따라 산수전원시(山水田園詩)가 대두하였다. 남북조(南北朝) 시기에는 예술 기교의 섬세한 표현을 추구하는 형식주의 문학이 일어나, 이른바 '신체시(新體詩)'가 대두하였다. 대우와 성률을 중시하고 악부 소시(小詩)의 영향으로 편폭이 짧아져 율시의 점진적 형성을 불러왔다. 유송(劉宋) 시기에는 산수시가 성행하고 후기인 제량(齊梁) 시기에는 여인의 자태와 복식, 심리 상태 등을 주로 묘사하는 궁체시(宮體詩)가 귀족들을 중심으로 성행하였다.

1. 시가 : 오언고시의 성숙과 격률화

(1) 위(魏)의 시

건안(建安 : 196~220) 시기에는 조조(曹操 : 155~220), 조비(曹丕 : 187~226), 조식(曹植 : 192~232) 삼부자의 삼조(三曹)를 중심으로, 공융(孔融 : 153~208), 왕찬(王粲 : 177~217), 유정(劉楨 : 186~217), 진림(陳琳 : ?~217), 완우(阮瑀 : 165?~212), 서간(徐幹 : 170~217), 응양(應瑒 : 177~217) 등 이른

바 건안칠자(建安七子)가 무리를 이루어 오언시 창작에 매진하였다. 그 중에서도 조식, 유정, 왕찬이 문단의 중심을 이루었다. 이들의 시는 한대 악부의 정신을 살려 후한 말 동란 사회를 반영하여 비분강개한 시풍을 보이는 작품이 많다. 이를 흔히 '건안풍골(建安風骨)'이라 부른다.

위(魏) 정시(正始 : 240~249) 시기에는 현학(玄學)을 추구하는 정시학풍의 영향으로 죽림(竹林)과 산수에 마음을 기탁하고 방랑 생활을 하며 현담(玄談)을 즐기는 죽림칠현(竹林七賢)이 활동하였다. 혜강(嵇康 : 223~262), 완적(阮籍 : 210~263), 유령(劉伶 : 221?~300), 산도(山濤 : 205~283), 상수(向秀 : 227?~272), 왕융(王戎 : 234~305), 완함(阮咸)이 그들이다. 완적의 오언시 「영회(詠懷)」 82수와 혜강의 사언시 「증수재입군(贈秀才入軍)」 19수가 유명하다. 「영회」는 시인의 감회를 수시로 읊었던 것을 나중에 모아 '영회'라는 제목을 붙인 것으로, 시인 내심의 고통과 불만 및 현실을 초극하려는 정이 잘 그려져 있다. 혼란한 시대에 처한 지식인의 고뇌를 표현한 작품이다.

(2) 서진(西晉)의 시

서진(265~317)은 오언시가 유미화(唯美化)하는 시기이다. 부현(傅玄 : 217~278)과 장화(張華 : 232~300)가 그 경향을 선도하였다. 무제(武帝) 태강(太康) 연간(280~289)에는 화려한 시어와 정교한 대우를 추구하는 형식화 경향이 본격화하였는데, 이를 태강체(太康體)라고 한다. 대표 작가로는 '삼장이륙양반일좌(三張二陸兩潘一左)'로 불리는 장협(張協 : ?~307?), 장재(張載 : 289 전후), 장항(張亢) 삼형제, 육기(陸機 : 261~

303)와 육운(陸雲 : 262~303) 형제, 반악(潘岳 : 247?~300)과 반니(潘尼 : ?~310?) 숙질, 그리고 좌사(左思 : 250?~305?)가 있다.

당시에는 형식화를 선도한 육기와 반악이 문단의 중심인물이었지만, 오늘날은 이런 조류와는 달리 상대적으로 소박한 시어로 불합리한 문벌제도를 비판한 「영사(詠史)」 8수를 지어 현실주의 경향을 보인 좌사가 더 높이 평가된다.

회제(懷帝) 영가(永嘉) 시기(307~312)에는 현언시(玄言詩)가 본격화하였다. 다만 유곤(劉琨 : 271~318)과 곽박(郭璞 : 276~324)은 이 조류에서 비교적 자유로웠다. 유곤은 후기에는 파괴된 산하에 대한 감개나 실의한 영웅의 슬픔을 읊은 작품을 지었는데 「부풍가(扶風歌)」가 대표작이다. 곽박의 「유선시(遊仙詩)」 14수는 현언시이면서도 당시 일반적 현언시와는 달리 자신의 진정이 토로되어 시경(詩境)이 보다 고원하다.

(3) 동진(東晉)의 시

동진(317~420)은 현언시와 유선시가 주류를 이루었다. 후기에는 도연명(陶淵明)이 등장하여 전원시를 대량으로 창작함으로써 문단에 생기를 불어넣었다.

도연명(365~427)은 청년 시기에 일찍 부친을 여의고 생활이 빈곤한 속에서도 노장(老莊)과 육경(六經)을 비롯한 많은 서적을 읽으며 착실히 학문을 하였다. 생애의 제2기인 393년에서 405년 사이에 강주좨주(江州祭酒)를 시작으로 한거(閑居)와 하급관리 생활을 반복하였다. 405년 팽택령(彭澤令)을 마지막으로 벼슬길을 떠나면서 「귀거래혜사(歸去

來兮辭)」를 짓고, 고향 심양(潯陽) 시상(柴桑) 즉 지금의 강서(江西) 구강(九江)으로 돌아왔다. 이후 20년의 여생을 고향에서 몸소 농사를 지으며 보내면서 주옥같은 전원시를 창작하였다. 「귀원전거(歸園田居)」 5수, 「음주(飮酒)」 20수 등은 모두 이 시기에 지어진 그의 대표작이다.

현존하는 도연명의 시는 모두 125수인데, 서정과 언지(言志)를 위주로 하는 「음주」 등의 영회시, 전원생활을 읊은 「귀원전거」 등의 전원시가 대표작이다. 그의 시는 정경교융(情景交融 : 경물의 묘사와 인물의 사상 감정을 융화시키는 묘사)과 백묘(白描 : 소박하고 간결한 묘사)의 수법을 즐겨 사용하고 구어를 활용하였다. 시풍은 질박하고 평담(平淡)하고 자연스럽고 간결하며 순후(淳厚)하다.

(4) 유송(劉宋)의 시

유송(420~479)은 문제(文帝) 원가(元嘉) 연간(424~453)을 중심으로 하여, 태강체를 계승하여 대우를 중시하고 전고를 많이 사용하며, 화려한 사조(辭藻)를 이용하여 산수의 풍광을 묘사하는 경향이 성행하였다. 이를 원가체(元嘉體)라고 한다. 원가삼대가로 불리는 안연지(顔延之 : 384~456), 사령운(謝靈運 : 385~433), 포조(鮑照 : 414?~466)가 대표 시인이다.

사령운은 산수시의 대가로 풍부한 사조로 산수자연의 경물 묘사에 탁월한 성취를 보였다. 포조는 산수시 외에, 한대 악부 정신을 계승하여 현실을 반영한 악부시를 대량으로 짓고 당시 홀대 받던 칠언시를 적잖이 창작하여, 현실주의와 칠언시의 위상 확립에 기여하였다.

(5) 제(齊) · 양(梁) · 진(陳)의 시

제(479~502), 양(502~557), 진(557~589) 시기에는 유미주의 경향이 성행하고 성률설(聲律說)을 시에 적용하면서, 오언시의 격률화가 본격화하였다. 제 무제(武帝) 영명(永明) 연간(483~493)의 심약(沈約 : 441~513), 사조(謝朓 : 464~499), 왕융(王融 : 468~494), 범운(范雲 : 451~503), 임방(任昉 : 460~508), 육수(陸倕 : 470~526), 소연(蕭衍 : 464~549), 소침(蕭琛 : 478~525) 등 경릉팔우(竟陵八友)가 이 경향을 선도하였다. 이것을 영명체(永明體)라고 한다.

양진(梁陳) 시기에는 궁체시가 성행하였다. 양 무제 소연, 오균(吳均 : 469~520), 하손(何遜 : 480?~530) 등이 발단을 열었고, 간문제(簡文帝) 소강(蕭綱 : 503~551), 원제(元帝) 소역(蕭繹 : 508~554), 유견오(庾肩吾 : 490?~552?), 서릉(徐陵 : 507~583), 음갱(陰鏗 : 510~570) 등이 대표 작가이다.

(6) 북조(北朝)의 시

북조에서 활동한 문인으로는 양에서 서위(西魏)로 사신으로 파견되었다가 귀국하지 못하고 장안(長安)에 머물면서 조국의 멸망을 맞았던 유신(庾信 : 513~581)이 있다. 그는 전기에는 궁체시를 지었지만 후기에는 고향을 그리는 마음과 조국을 잃은 슬픔을 읊은 작품을 지었다. 「의영회(擬詠懷)」 27수가 대표작이다. 양 원제(元帝)가 서위에 항복할 때 함께 장안으로 갔다가 귀순한 왕포(王褒 : ?~571?)도 후기의 시는 비통한 정서를 드러낸다.

(7) 남북조의 민가(民歌)

남조의 민가는 「청상곡사(淸商曲辭)」에 속하는 「오가(吳歌)」와 「서곡(西曲)」이 양자강 중하류 지역에서 유행하였다. 대부분 오언 사구의 단편 시형이며, 여성 화자가 수향(水鄕) 남녀의 사랑을 노래하는 여성적인 작품이다. 이 시형은 당대(唐代)의 고절(古絶)로 발전한다.

북조의 민가는 전쟁, 종군, 목축 등을 주제로 하며, 애정을 읊더라도 남성적 풍모를 보인다. 여주인공 목란이 부친을 대신하여 종군하는 일을 읊은 장편 서사시 「목란사(木蘭辭)」가 유명하다. 칙륵족의 시 「칙륵가(敕勒歌)」는 북방 초원의 정경을 읊은 목가이다.

2. 산문 : 변문과 변부, 평선문학

(1) 산문과 사부

이 시기의 산문도 시가와 마찬가지로 형식화의 경향이 뚜렷하다. 동한 이후 변려화(騈儷化)한 문장은 변문(騈文)으로 정착하였다. 변문은 한 구의 자수 면에서 4자구와 6자구로 정형화하는 추세를 보이고, 구법 면에서 상호 대칭을 이루어 대우를 형성하였다. 성률 면에서 평측(平仄)의 교체 운용을 중시하여 음률의 조화를 추구하고, 수사 면에서 화려한 수식과 전고의 사용을 중시하였다. 대표작으로는 제 공치

규(孔稚圭 : 448~501)의 「북산이문(北山移文)」과 구지(丘遲 : 463~501)의 「여진백지서(與陳伯之書)」 등이 있다.

사부 역시 변려화하여 변부(騈賦)가 출현하여 당대까지 성행하였다. 이 시기 변부의 대표 작품으로는 조식의 「낙신부(洛神賦)」, 좌사의 「삼도부(三都賦)」, 포조의 「무성부(蕪城賦)」, 유신의 「애강남부(哀江南賦)」 등이 있다.

반면 변문과는 다른 각도에서 순문예적인 경향을 추구하면서 낭만적 색채를 띤 빼어난 산문도 출현하였다. 완적의 「대인선생전(大人先生傳)」, 유령의 「주덕송(酒德頌)」, 왕희지(王羲之 : 303~361)의 「난정집서(蘭亭集序)」, 도연명의 「도화원기(桃花源記)」 등이 그러한 경향을 대표한다.

(2) 평선문학(評選文學)

'평선'이란 '평론'과 '선집'을 아우르는 말이다. 위진남북조는 문학의 가치 인식과 함께 문학론의 개진과 선집의 출현이 본격화된 시기이다. 건안 이전에는 전문적인 비평서는 없었고 제자산문과 사전산문, 정론산문 등에 단편적인 언론이 산견되는 정도였다. 건안 시기에 들어와 인물을 품평하는 청의(淸議) 기풍이 문장을 품평하는 기풍의 형성에 영향을 미쳐, 시인과 시를 비평하고 문학론을 전개하는 조류를 형성하였다. 문학론과 비평서로는 조비의 『전론(典論)·논문(論文)』, 육기(陸機)의 「문부(文賦)」, 갈홍(葛洪)의 『포박자(包朴子)』, 유협(劉勰)의 『문심조룡(文心雕龍)』, 종영(鍾嶸)의 『시품(詩品)』 등이 있고, 선집으로는 소통(蕭統)의 『문선(文選)』과 서릉(徐陵)의 『옥대신영(玉臺新詠)』이 있다.

① 평론

조비(187~226)의 『전론·논문』은 "문장은 국가를 경영하는 불후의 성대한 사업(文章經國之大業, 不朽之盛事)."이라고 선언함으로써 문학의 위상을 높였고, 작가의 천성, 기질, 재능이 문학 작품의 풍격을 형성한다는 '문기설(文氣說)'을 주장하였다.

육기(261~303)의 「문부」는 창작 대상인 '물(物)'과 작가의 구상인 '의(意)', 작가의 작품인 '문(文)' 삼자가 일치할 것을 주장하고, 모방을 반대하고 창신(創新)을 강조하였다.

갈홍(284~364)의 『포박자』는 도가적 입장에서, 문학이 덕행보다는 우선해야 한다는 주장을 하였다.

유협(464?~521?)의 『문심조룡』은 문학원론, 문체론, 창작론, 비평론을 망라한 종합적이고 체계적인 최초의 문학이론서이다. 전서는 50편인데 첫머리 5편은 문학원론, 다음 20편은 문체론, 다음 24편은 창작론과 비평론, 마지막 1편인 「서지(序志)」편은 저자의 후기이다.

총론에서는 천지자연의 문채가 '도'인데 문학은 이것을 본떠야 한다는 주장을 피력하였다. 문체론에서는 문학을 33개의 갈래로 분류하고 각 갈래에 대한 정의, 연원과 전개 과정, 서로 다른 풍격 등을 정리하였다. 초보적인 문학사 서술인 셈이다. 창작론에서는 사고력과 구상력의 역할과 배양, 내용과 형식의 조화, 다양한 수사 기교 등을 설명하였다. 비평론에서는 풍격의 특성과 우열, 작가가 갖추어야 할

선·후천적인 재기학습(才氣學習 : 재능, 기질, 학문, 습관), 작가의 시대정신과 환경, 비평의 표준 등을 제시하였다.

종영(?~552)의 『시품』은 한대에서 양대에 이르는 오언시의 작가를 상·중·하 삼품으로 나누어 품평한 오언시 비평서이다. 서문에서 자신의 문학론을 피력한 후, 본문은 상·중·하 삼품으로 나누어 각각 시인들의 시의 연원과 특징 및 유파를 설명하였다.

그는 시가 창작의 동기를 자연 경물과의 접촉이라고 보는 '기동물감설(氣動物感說)'을 제시하고, 또 작자의 조우가 시격(詩格)에 영향을 미친다고 보았다. 부미(浮靡 : 내용 없이 부박하게 아름답기만 함)한 시풍을 배격하고, 전고의 사용과 현담(玄談)을 반대하였다. '사성팔병(四聲八病)'에 과도하게 얽매이지 말고 자연스러운 성률을 따를 것을 주장하였다. 오언시의 3대 원천으로 「국풍(國風)」과 「소아(小雅)」, 『초사(楚辭)』를 제시하여 원류론(源流論)을 제기하였다.

② 선집

『문선』은 소통(501~531)이 유효위(劉孝威) 등 고재십학사(高齋十學士)와 함께 엮은, 「이소」 이후 양대까지의 약 130명의 약 500편의 시문을 37개의 문체로 나누어 수록한 시문 선집이다. 선문(選文)의 기준은, 경·사·자서(經史子書)의 문장은 배제하고, 깊이 있는 내용과 아름다운 형식의 조화[沈思翰藻]를 이룬 글에 한정한다고 하였다. 그 체재는 첫머리에 부(賦)를 14개의 하위 갈래로 분류하여 싣고, 이어서 시(詩)를 23개의 하위 갈래로 나누어 실었다. 다음에는 소(騷)와 칠(七) 등 소체부, 이어서 산문을 33개의 갈래로 나누어 수록하였다.

당대(唐代)에는 과거 시험에서 진사과가 중시되면서 문인들이 여기에 수록된 시문을 학습하는 열풍[選學]이 거세게 일어나, 독서인들의 필독서가 되었다. 우리나라에도 영향을 미쳐 『동문선(東文選)』의 편찬 모델이 되었다. 무엇보다 큰 역할은 중국 문체론의 심화 발전에 큰 공헌을 한 점이다.

서릉의 『옥대신영』은 한대에서 양대에 이르는 오언시와 악부의 선집인데, 주로 궁체시와 유미문학 작품을 위주로 선록한 시가 선집이다.

3. 소설 : 지괴소설과 지인소설

중국 고대의 '소설(小說)'은 인물, 구성, 배경, 주제 등의 요소를 구비한 현대적 의미의 소설과 다르다. 그것은 『장자(莊子)·외물(外物)』에서 "보잘것없는 이야기를 꾸며 훌륭한 명예를 구하지만 크게 이르는 데는 모자란다(飾小說以干縣令, 其於大達也亦遠矣)."고 한 '보잘것없는 이야기'로 '대도(大道)'와 상반되는 개념이었다.

소설의 추형으로서 단편의 문언 저작이 나온 것은 위진남북조 시기에 와서이다. 이 시기에 나온 지괴소설과 지인소설은, 일부 작품은 편폭도 길고 줄거리도 어느 정도 갖추고 있지만, 대부분 비현실적인 고사를 제재로 채용하여 줄거리만을 대충 기록한 수준이다. 그러나 이것이 중국 문언소설의 남상이 된 것은 분명하다.

(1) 지괴소설(志怪小說)

지괴소설은 주로 신선, 귀신, 산천 지리, 불법(佛法) 등과 관련된 괴이한 이야기[怪]를 기록한[志] 것으로 이 시기 소설의 주류이다. 대표 작품집은 동진 간보(干寶 : 317 전후)의 『수신기(搜神記)』이다. 그 밖에 서진 장화(232~300)의 『박물지(博物志)』, 동진 왕가(王嘉 : ?~390)의 『습유기(拾遺記)』, 유송 유의경(劉義慶 : 403~444)의 『유명록(幽明錄)』 등이 있다.

지괴소설은 당대의 전기소설(傳奇小說)과 명·청대의 희곡, 소설에 풍부한 소재를 제공하였을 뿐 아니라, 직접적으로 발전하여 청대 포송령(蒲松齡)의 『요재지이(聊齋志異)』에서 최고봉에 오른다.

(2) 지인소설(志人小說)

지인소설은 주로 문인과 사대부 등 상류층 인물들의 언행과 일화를 기록한 일사소설(軼事小說)로, 그 내용이 비교적 사실적인 것이 특징이다. 대표작으로는 유의경의 『세설신어(世說新語)』를 들 수 있다. 세련된 언어와 함축적인 문장을 통하여 풍부한 심미성을 구현하였다. 그밖에 배계(裴啓)의 『어림(語林)』 등이 있다. 지인소설은 후세 필기소설(筆記小說)의 선구가 되고, 소품문(小品文)의 전범이 되었으며, 많은 고사는 시문의 전고나 희곡, 소설의 소재가 되었다.

제4장
당대(唐代) 문학

당대(618~907)는 중세문학의 중심에 위치하여 정통 문학인 시문이 최고로 발전을 이룬 시기이다. 특히 시가는 시인 층의 확대와 함께 정형시인 율시가 완성되고 내용과 형식이 다양화하여, 질적인 면이나 양적인 면에서 모두 최고의 성취를 이루어 황금시대를 구가하였다. 『전당시(全唐詩)』에는 당대 300여 년 동안 2,300여 시인의 약 48,900여 수의 시를 수록하고 있다. 산문도 고문운동에 힘입어 서한 이전의 고문이 변문과 대등한 위상을 일시적이나마 회복하였다. 중당 이후에는 민간 문학인 전기(傳奇)와 변문(變文), 사(詞)가 창작되기 시작하였다.

당대에는 경제 발전에 따른 도시의 번성으로 시민 계층이 형성되기 시작하였고, 과거제를 실시하여 관료를 선발하였다. 사상 면에서는 유(儒)·도(道)·불(佛) 삼교(三敎) 사상이 모두 성행하였다. 제국의 통일과 함께 서역, 인도, 페르시아 등으로부터 음악, 미술, 무용 등 외국 문화가 유입되었다. 이러한 사회적 여건이 정통 문학은 물론 다양한 민간 문학의 발생을 촉진한 것이다.

수(隋 : 581~618)나라는 역사가 짧아 문학 유산이 거의 없다. 당 멸망 후 오대십국(五代十國 : 907~960) 시대는 만당에 붙여 다룬다.

1. 시가 : 시의 완성과 사의 발생

(1) 시(詩)

원(元) 양사홍(楊士弘)의 『당음(唐音)』과 명(明) 고병(高秉)의 『당시품휘(唐詩品彙)』에서는 당시를 초당(初唐), 성당(盛唐), 중당(中唐), 만당(晚唐)의 4기로 나누었다. 당대 문학을 설명할 때에는 흔히 이 분류를 따른다. 초당은 예종(睿宗) 태극(太極) 원년까지(618~712) 약 백 년, 성당은 현종(玄宗) 개원(開元) 원년에서 대종(代宗) 영태(永泰) 원년까지(713~765) 약 50년, 중당은 대종 대력(大曆) 원년에서 문종(文宗) 태화(太和) 9년까지(766~835) 약 70년, 만당은 문종 개성(開成) 원년에서 당 멸망까지(836~907) 약 70년이다.

① 초당(初唐 : 618~712) : 율시의 완성 – 격률시의 시기

율시가 완성되는 격률시의 시기라고 할 수 있다. 이 시기의 시인으로는 제량(齊梁) 시기의 형식화 여풍을 계승한 궁정시인과 혁신을 추구한 개성파의 두 부류가 있었다.

제량의 성률설과 형식화 경향을 계승하여 율시를 완성한 사람은 상관의(上官儀 : 608~664), 문장사우(文章四友), 심전기(沈佺期 : 656?~713?), 송지문(宋之問 : 656?~712?) 등이다. 상관의는 대우를 이론적으로 정리하였고, 송지문과 심전기는 각각 오언율시와 칠언율시를 완성하였다. 문장사우는 최융(崔融 : 652~705), 이교(李嶠 : 645~714), 소미도(蘇味道 : 648?~705?), 두심언(杜審言 : 645?~708?)이다.

제량의 여풍을 비판적으로 수용하면서 화려함과 질박함을 조화시켜 새로운 풍격을 창출하고 제재를 확대한 시인으로는, 왕발(王勃 : 648~675), 양형(楊炯 : 650~692?), 노조린(盧照隣 : 637?~676?), 낙빈왕(駱賓王 : 640?~680?)의 초당사걸(初唐四傑)을 들 수 있다. 또 진자앙(陳子昂 : 661~702)은 남조의 시풍에 반대하고 '한위풍골(漢魏風骨)', '풍아(風雅)', '흥기(興寄 : 심오하고 함축적인 의미를 담는 것)' 등을 주장하여 시가의 혁신을 주장하고, 「감우시(感遇詩)」 38수를 지었다. 장구령(張九齡 : 678~740)은 궁체시인이지만 「감우시(感遇詩)」 12수는 진자앙과 비슷하여 '진장(陳張)'으로 병칭된다.

오중사사(吳中四士)로 불리는 하지장(賀知章 : 659~744), 장욱(張旭 : 675~750?), 포융(包融 : 695?~764?), 장약허(張若虛)는 낭만적인 시풍을 지녔다. 장약허의 「춘강화월야(春江花月夜)」는 장편 가행체로 미려한 필치로 수려한 강산을 묘사한 명작이다.

승려 시인 왕범지(王梵志)는 시대 풍조에 물들지 않고 자신의 진정(眞情)을 토로하면서, 통속적 구어로 설리(說理)를 담아내었다. 나중의 한산(寒山), 습득(拾得) 등 승려 시인들에게 영향을 주었다.

② 성당(盛唐 : 713~765) : 자연시와 변새시, 이백과 두보-낭만시의 시기

중국 시가의 전성기로 전반적으로는 낭만시의 시기라고 할 수 있다. 현종(玄宗) 개원(開元 : 713~741)의 태평성대에서 천보(天寶 : 742~756)의 난세를 거쳐 안사(安史)의 난(755.12~763.2)이라는 내란기로 이어지는 시기이다. 자연시파와 변새시파가 있고, 이백과 두보 등의 대시인이 활약하였다.

㉠ 자연시파(自然詩派)

산수전원시파(山水田園詩派)라고도 한다. 멀리는 도연명과 사령운의 전원시와 산수시를 계승하였고, 가까이로는 당 왕조가 사회적으로 안정되면서 불교와 노장사상이 유행하고 은일 풍조가 성행한 것이 배경이 되었다. 시형은 오언시를 즐겨 사용하고, 내용은 주로 전원생활과 산수의 아름다움을 읊었다. 시풍은 고아(高雅)하고 청담(淸淡)하며 질박하고 자연스럽다. 작가의 인생관은 소극적이고 개인적이며 은거를 지향한다. 대표 작가로는 왕유(王維), 맹호연(孟浩然), 저광희(儲光羲), 배적(裴迪), 구위(丘爲), 조영(祖詠) 등이 있다. 중당의 유장경(劉長卿), 위응물(韋應物), 유종원(柳宗元) 등도 비슷한 시풍을 보인다.

왕유(701~761)는 자가 마힐(摩詰)이고 하동(河東) 포주(蒲州 : 지금의 산서(山西) 운성(運城)시) 사람이다. 상서우승(尙書右丞)을 역임하여 왕우승(王右丞)이라고 부른다. 망천별업(輞川別業)에 은거하면서 친구 배적과 함께 오언 절구 「망천별업」 20수를 지었는데, 그의 대표작이다. 독실한 불교 신자였으며 유명한 화가로 남종 문인화의 개척자이기도 하다. 현존 시는 400여 수 되는데, 시풍은 담원한일(淡遠閑逸 : 담박하면서 유유자적함)하다. '정(靜)'이 그의 시를 표현하는 키워드이다. 북송의 소식(蘇軾)은 일찍이 왕유는 "시 속에 그림이 있고, 그림 속에 시가 있다(詩中有畵, 畵中有詩)."고 평한 바 있다. 시불(詩佛)로 불린다.

맹호연(689~740)은 호북(湖北) 양양(襄陽) 사람으로 녹문산(鹿門山 : 호북 양양 남동쪽)에서 은거 생활을 하다가 40세에 장안에 와서 진사과에 응시하였지만 낙방하고 완전히 전원으로 귀의하였다. 왕유가 사회적 성취를 이룬 후 한가하고 여유 있는 은퇴 생활을 즐기면서 불교 사상과 산수 세계에 귀의한 거사(居士)로서, 시가 순수하게 염정(恬靜 : 평안하고 고요함)과 평담(平淡)의 경지에 도달한 데 비해, 맹호연은 기본적으로 유가 사상에 훈도되었고, 40세 이전의 은둔은 유행에 따른 것에 불과하고 40세 이후에야 진정한 은둔 생활을 하였기에, 그의 시는 평담한 분위기도 있고 격앙된 감정도 나타난다.

저광희(707~760?)는 종남산(終南山)에 은거하면서 전원생활 묘사에 주력하였다. 오언 고체시를 많이 지었다. 배적(716~?)은 왕유와 함께 종남산에 은거하였으며, 「망천별업(輞川別業)」 20수를 지어 서로 창화(唱和)하였다. 구위, 조영(699~746), 기무잠(綦毋潛) 등은 모두 왕유의 시우(詩友)이다.

ⓛ 변새시파(邊塞詩派)

당 초기부터 대외 전쟁이 계속되면서 시인들의 종군 체험이 늘어나게 된 것이 변새시 출현의 주요 배경이 되었다. 변새시의 특징은, 시형 면에서 주로 오·칠언 가행체(歌行體)와 절구를 즐겨 사용하고, 내용은 주로 변새 풍경과 전장 생활 및 정인(征人) 이부(離婦)의 이별의 정한(情恨)을 다루었다. 시풍은 분방하고 웅장하다. 작가의 인생관은 적극적이고 현실적이며 진취적이다. 대표 작가로 잠삼(岑參), 고적(高適), 왕창령(王昌齡), 최호(崔顥), 이기(李頎), 왕지환(王之渙) 등이 있다.

잠삼(715~770)은 안서(安西 : 지금의 신강(新疆) 위구르자치구) 지역 등에서 장기간 변새 생활을 하였다. 변새시의 대표 작가로 칠언 가행체를 활용하여, 몸소 겪은 변새의 이국적 풍경과 전장 생활을 묘사하였다. 대표작으로 칠언가행 「주마천행(走馬川行) : 봉송봉대부출사서정(奉送封大夫出師西征)」과 칠언절구 「봉입경사(逢入京使)」 등이 있다.

고적(700?~765)은 장기간의 유랑생활을 바탕으로 변새시를 창작하였다. 시풍은 잠삼과 흡사하지만 기상은 다소 부족하다. 대표작으로 「연가행(燕歌行)」 등이 있다. 왕창령(698~765?)은 절구 특히 칠언절구에 뛰어나서 '칠절성수(七絶聖手)'라고 불린다. 대표작으로 「출새(出塞)」, 「종군행(從軍行)」 등이 있다. 이기(690~751)의 「고종군행(古從軍行)」과 「고의(古意)」, 최호(?~754)의 「황학루(黃鶴樓)」, 왕지환(688~742)의 「출새(出塞)」와 「등관작루(登鸛雀樓)」, 왕한(王翰 : 678?~726?)의 「양주사(凉州詞)」 등도 인구에 회자되는 변새시의 명작이다.

ⓒ 이백(李白)

이백(701~762)은 자가 태백(太白)이고 호는 청련거사(靑蓮居士)로, 본적과 출생지에 이설이 많다. 일반적으로 통용되는 견해에 의하면, 본적은 농서(隴西) 성기(成紀 : 지금의 감숙(甘肅) 천수(天水) 부근)이고 서역에서 출생하여 5세경에 금주(錦州) 창명현(彰明縣 : 지금의 사천(四川) 강유(江油)시) 청련향(青蓮鄕)으로 옮겼다. 25세까지 고향에서 독서와 유람을 하고 검술을 익혔다. 26세 때 정치적 포부를 실현하기 위해 고향을 떠나, 호북(湖北) 안륙(安陸)을 중심으로 제1차 만유(漫遊) 시기를 보내면서 산수자연과 유람생활을 시로 표현하였다. 천보 원년(742) 도사 오균(吳筠)의 추천으로 현종의 부름을 받아 장안(長安)으로 가서 한림학사(翰林學士)가 되었다. 그 때문에 그를 '이한림(李翰林)'이라고 부른다. 그러나 좌절을 겪고 3년 만에 장안을 떠났다. 장안을 떠난 이백은 이후 10년 간 제2차 만유기에 들어가, 동로(東魯 : 지금의 산동), 양원(梁園 : 하남 개봉(開封)시) 일대에서 도사와 사귀고 산수를 유람하였다. 이 시기에 두보(杜甫)와도 만났다. 755년 12월 안사의 난이 발생하자 영왕(永王) 이린(李璘)의 막부에 들어갔다. 영왕이 반란을 일으켜 실패한 후, 야랑(夜郞 : 지금의 귀주(貴州) 동자(桐梓)현)으로 귀양을 가다가 도중에 사면을 받았다. 만년에 당도(當塗 : 지금의 안휘(安徽)에 속함)의 현령 이양빙(李陽冰)에게 의탁하여 지내다가 병사하였다.

그의 사상은 유가의 '겸제천하(兼濟天下)' 사상과 장자(莊子)의 자유사상의 영향을 받았으나, 후기에는 도가 사상이 더 우세하였다. 시선(詩仙)으로 불린다. 약 980수 정도의 시가 현존한다. 포부, 현실 비판, 회재불우(懷才不遇), 유협(遊俠), 신선 추구, 애국 정서, 부녀자의 생활, 서경(敍景), 증답(贈答) 등, 내용과 제재가 매우 광범하다. 신화전설과 역사고사를 활용한 기이하고 풍부한 상상과 대담한 과장 등 낭만주의적 수사 기교를 적극적으로 활용한 것이 큰 특징이다. 시풍은 청신하고 명랑(明朗)한 면도 있지만, 호방표일(豪放飄逸 : 호방하고 쇄락함)한 면이 더욱 두드러진다.

㉣ 두보(杜甫)

두보(712~770)는 자가 자미(子美)이고 본적은 호북(湖北) 양양(襄陽)이며 하남(河南) 공현(鞏縣 : 지금의 공의(鞏義)시)에서 태어났다. 소관료 가정 출신으로 독실한 유학자였다. 30대 중반까지 독서와 유람 생활을 하였다. 이 시기에 이백과 교유를 시작하였다. 천보(天寶) 5년(746) 장안으로 갔으나 관계 진출에 뜻을 이루지 못하고 10년 동안 곤궁한 생활을 하였다. 천보 14년(755) 12월 안사의 난이 일어나면서 국파가망(國破家亡)의 체험을 하고 관직에서도 누차 좌천을 겪었다. 건원(乾元) 2년(759) 섬서(陝西), 감숙(甘肅)을 거쳐 사천(四川), 호북(湖北), 호남(湖南) 등으로 남서 지역을 유랑하다가 생을 마감하였다. 이백과 함께 '이두(李杜)'로 불린다.

사상은 유가를 받들어 충군(忠君)과 애민(愛民)이 일생의 화두였다. 현존하는 시는 약 1,400여 수이다. 사회시가 중심을 이루면서 현실주의 정신이 충일하여 그의 시를 '시사(詩史 : 시 형식으로 된 역사라는 의미로, 시대상을 잘 반영하여 역사적 의의가 있는 시를 가리킨다)'라고 부른다. 백성에 대한 무한한 사랑과 연민을 노래한 작품으로 「병거행(兵車行)」, 「삼리삼별(三吏三別 : 「석호리(石壕吏)」, 「동관리(潼關吏)」, 「신안리(新安吏)」, 「신혼별(新婚別)」, 「수로별(垂老別)」, 「무가별(無家別)」) 등이 있다. 조국에 대한 열애를 드러낸 작품으로 「춘망(春望)」, 「문관군수하남하북(聞官軍收河南河北)」 등이 있다. 내용 면에서 현실주의 경향을 보이는 작품이 많고, 형식 면에서 율시의 효용을 확대하였다. 시풍은 침울돈좌(沈鬱頓挫 : 깊이 있고 함축적이며 변화 다양함)와 침울비장(沈鬱悲壯)을 특징으로 한다. 시성(詩聖)으로 불린다.

③ 중당(中唐 : 766~835) : 사회시파와 고음시파－사회시의 시기

안사의 난 이후의 사회적 변혁기로 전반적으로 사회시가 주류를 이룬 시기라고 할 수 있다. 대종(代宗) 대력(大曆 : 766~779) 연간을 중심으로 하는 전기(766~804)와 헌종(憲宗) 원화(元和 : 805~820) 연간을 중심으로 하는 후기(805~835)로 나눌 수 있다.

전기에는 오·칠언 근체시를 위주로 형식미를 추구한 대력십재자(大曆十才子)가 주로 활동하였다. 대력십재자는 노륜(盧綸), 길중부(吉中孚), 한굉(韓翃), 전기(錢起), 사공서(司空曙), 묘발(苗發), 최동(崔峒), 경위(耿湋), 하후심(夏侯審), 이단(李端)이다.

두보의 사회시를 계승한 시인으로 원결(元結 : 719~772), 고황(顧況), 융욱(戎昱 : 744~800), 대숙륜(戴叔倫 : 732?~789?) 등이 있고, 자연시를 계승한 시인으로는 유장경(劉長卿 : 709~780?), 위응물(韋應物 : 737~789?) 등이 있으며, 변새시파로는 왕창령에 접근하는 시풍을 보이는 이익(李益 : 748~827)이 있다.

후기는 변혁기로 백거이를 중심으로 하는 사회시파와 한유를 중심으로 하는 고음시파가 있다.

㉠ 백거이(白居易)와 신악부(新樂府) 운동

백거이(772~846)는 자가 낙천(樂天)이다. 본적은 산서(山西) 태원(太原)이고 하남성 신정(新鄭)에서 소관료 가정에서 태어나 가난하고 어려운 소년 시절을 보냈다. 정원(貞元) 16년(800) 진사에 급제하여 교서랑(校書郎), 한림학사(翰林學士), 좌습유(左拾遺) 등을 역임하면서, 강경한 간언으로 권귀(權貴)들을 비판하였다.「진중음(秦中吟)」 10수와「신악부(新樂府)」 50수 등 '신악부' 형식을 위주로 하여 풍유(諷諭)시를 창작하였다. 원화(元和) 15년(815) 강주사마(江州司馬)로 좌천되었다. 얼마 후 중서사인(中書舍人), 항주자사(杭州刺史), 소주자사(蘇州刺史) 등을 역임하였다. 이 시기에는 '독선기신(獨善其身)'하면서 한적(閑適)과 감상(感傷)으로 풍유를 대체하였다.

백거이는 유가의 문학이론인 공용론을 계승하여 문학의 사회적 역할을 강조하였다. 이러한 시론의 바탕 위에서, 한위(漢魏)의 악부 정신을 되살려 사회현실을 적극적으로 시에 반영하려는 신악부 운동을 전개하였다. 현존하는 시는 약 3,000수 가량 된다. 그는 자신의 시를 스스로 풍유(諷諭), 한적(閑適), 감상(感傷), 잡률(雜律)의 네 부류로 나누었다. 풍유시는 신악부 운동을 전개한 현실주의 시론의 실천이자 겸제천하 정신을 반영한 것이다.「진중음」 10수,「신악부」 50수 등 172수가 여기에 속한다. 한적시는 안분지족 등 독선기신의 심정을 반영한 작품이다.「관가(觀稼)」,「귀전(歸田)」 등이 여기에 속한다. 감상시는 일시적 감회를 토로한 작품으로「장한가(長恨歌)」,「비파행(琵琶行)」 등이 있다. 잡률시는 근체시로 수량이 가장 많으며 특히 서경 소시가 많다.「모강음(暮江吟)」,「문유십구(問劉十九)」 등이 있다. 시풍은 대체로 평이하고 통속적이다.

백거이가 주도한 신악부 운동에 참여한 다른 시인으로는 그의 호우(好友)인 원진(元稹 : 779~831)을 비롯하여 장적(張籍 : 768?~830?), 왕건(王建 : 768?~830?), 이신(李紳 : 772~846) 등이 있다.

㉡ 고음시파(苦吟詩派)와 기타 시인

한유(韓愈 : 768~824)는 자가 퇴지(退之)이고 하남(河南) 하양(河陽 : 지금의 맹주(孟州)시) 사람이다. 뛰어난 산문가일 뿐만 아니라 중당의 주요 시인이다. 진부한 표현을 배제하려는 데 힘을 기울였다. 굳센 필치로 생경한 시어를 사용하여 새로운 표현을 추구한 결과, 그의 시는 '기험괴벽(奇險怪僻)'하다는 평가를 받는다. 그 때문에 그의 일파를 '괴탄파(怪誕派)'로 부르기도 한다. 산문의 구법과 구조를 활용하여 세밀한 묘사와 의론적 요소를 피하지 않아, 산문의 작법으로 시를 짓는 송시(宋詩)의 선구가 되었다. 맹교(孟郊 : 751~814)와 가도(賈島 : 779~843)가 그의 지지자이다.

유우석(劉禹錫 : 772~842)은 자가 몽득(夢得)으로 낙양(洛陽) 사람이다. 정치를 풍자하고 울분을 토로하는 우언시(寓言詩)와 옛일을 회상하고 신세를 한탄하는 회고시(懷古詩), 민요의 정조와 언어를 활용한 민요풍 서정시를 잘 지었다. 「금릉오제(金陵五題)」 다섯 수는 회고시이고 「죽지사(竹枝詞)」와 「답가사(踏歌詞)」 등은 민요풍으로 그의 대표작이다.

유종원(柳宗元 : 773~819)은 내용이 다양하지만, 자연경물을 묘사한 산수시가 독특한 정취를 지닌 대표작이다. 시풍은 맑고 깔끔하다.

이하(李賀 : 790~816)는 귀족 출신으로 중당 최후의 시인이자 요절한 천재시인이다. 귀재(鬼才), 귀선(鬼仙) 등으로 불린다. 신기하고 독창적인 면모가 있는 점이 특색인데 난해한 면이 있다. 만당 유미시에 영향을 미쳤다.

④ 만당(晩唐 : 836-907) : 두목과 이상은-유미시의 시기

만당의 시는 전반적으로 유미적 경향이 주류를 이루는 가운데, 현실주의 색채를 지닌 시도 지어졌다.

두목(杜牧 : 803~852?)은 자가 목지(牧之)이며 경조(京兆) 만년(萬年 : 지금의 섬서(陝西) 서안(西安)시) 사람이다. 두보와 구별하여 '소두(小杜)'라고 부르기도 한다. 강직한 성품의 풍류재자였다. 시풍은 곱고 화려한 색채를 지니면서도, 밝고 시원한 면을 지니고 있다. 특히 칠언절구의 서정 소시에 뛰어났다. 「박진회(泊秦淮)」, 「산행(山行)」, 「기양주한작판관(寄揚州韓綽判官)」 등이 대표작이다.

이상은(李商隱 : 813~858)은 자가 의산(義山)이고 하남(河南) 형양(滎陽) 사람이다. 몰락 귀족 출신으로 평생을 정치 파벌과 연애의 고통에서 보냈다. 시는 정치시, 영사시(詠史詩), 서정시 등 다양하다. 특히 「무제(無題)」 또는 '무제'류의 시를 많이 지었다. 시형은 칠언율시를 애용하였다. 상징적 수법, 신화전설과 역사전고를 많이 활용하였다. 아름다운 시어로 유미적인 경향이 강한 반면, 상징적 수법과 낯선 전고로 난해한 면도 많다. 두목과 함께 '소이두(小李杜)'로 병칭된다.

백거이의 현실주의 시가 이론을 계승한 시인으로는 피일휴(皮日休), 섭이중(聶夷中 : 871 전후), 두순학(杜荀鶴 : 846?~904?) 등이 있다. 피일휴(843?~883?)는 백거이 시론을 계승하여 현실을 위한 창작을 할 것을 주장하고, 『시경』의 '미자(美刺)'의 효용을 강조하였다.

(2) 사(詞) : 새로운 시가

① 발생 배경

사(詞)는 율화(律化)한 장단구(長短句)로 구성된, 글자 수가 고정된 시이다. 처음 명칭은 '노래 가사'라는 뜻의 '곡자사(曲子詞)'였다. 사의 발생은, 멀리는 고대의 민간가요인 악부를 포함한 장단구의 시에 뿌리를 두고, 직접적으로는 당대의 근체시 특히 절구에 곡을 붙여 노래 부르던 풍습 및 외래 음악의 수입과 밀접한 관련이 있다. 외래 음악은 서진(西晉) 시대부터 수입되기 시작하여, 남북조와 수대의 중국 음악의 대부분을 차지하였다.

당대(唐代)의 민간 음악은 연악(宴樂)이라고 한다. 그것은 남조 악부를 계승한 청악(淸樂)과 서역 음악인 호악(胡樂), 내지(內地)의 민간 음악인 속악(俗樂)이 섞여서 생겨난 것이다. 연악은 박자가 빠르고 변화가 많은데 비해, 가사가 되는 절구는 변화가 없는 정형시여서, 가락과 가사 사이에는 불일치가 발생할 수밖에 없다. 이 불일치 부분에 가사를 보충하면 장단구의 시가 된다. 이런 과정을 거쳐서 새롭게 생겨난 문학 양식이 사(詞)이다.

② 당대(唐代)의 민간 사

1900년 돈황(敦煌)의 석굴에서 수많은 권자본(卷子本 : 두루마리 형태의 책)이 발굴되었다. 거기에는 여러 가지 문예 양식의 작품들이 들어 있었는데, 사도 그 중의 한 양식이다. 그것을 '돈황사'라고 하는데, 왕중민(王重民)의 『돈황곡자사집(敦煌曲子詞集)』(161수)과 임이북(任二北)의 『돈황곡교록(敦煌曲校錄)』(69조 545수)에 정리되어 있다. 내용은 불교, 효도, 규원, 행역(行役), 애정, 기녀의 신세 한탄 등 상당히 다양하다. 전반적으로 통속적인 언어로 진실한 감정을 표현하여 소박하고 밝은 풍격을 지닌다.

③ 당 · 오대의 문인 사

성당 시기에 이미 문인 사가 출현하였다. 이백의 「보살만(菩薩蠻)」과 「억진아(憶秦娥)」, 장지화(張志和 : 732~774)의 「어가자(漁歌子)」, 왕건(王建)의 「조소령(調笑令)」 등이 그것이다. 중당 시기에는 문인 사가 본격적으로 등장하였다. 백거이와 유우석이 「억강남(憶江南)」, 「양류지(楊柳枝)」, 「죽지(竹枝)」, 「낭도사(浪淘沙)」 등의 사조(詞調)로 지은 도합 70수의 작품이 남아 있다.

만당에는 더욱 성행하여 오대의 완성을 위한 발판을 마련하였다. 황보송(皇甫松), 사공도(司空圖 : 837~908), 한악(韓偓 : 842?~923?), 온정균(溫庭筠) 등이 대표 작가이다.

특히 온정균(812~870?)은 『화간집(花間集)』 첫머리에 66수의 작품이 수록되어 화간비조(花間鼻祖)로 불린다. 그는 화려한 언어로 부녀자의 자태와 복장, 이별의 슬픔과 원한 등을 잘 묘사하였다. 온정균 사의 농염하고 섬세한 시어, 은유적이고 함축적인 표현, 염정에 치우친 내용 등은 후세 완약파(婉約派)에 커다란 영향을 미쳤다.

당나라가 멸망한 뒤에는 오대(五代)와 십국(十國)의 혼란기가 한동안 지속되었다. 이 시기에 사의 기초가 다져졌다. 이 시기의 사는 대부분 후촉(後蜀) 조숭조(趙崇祚)가 편찬한 중국 최초의 문인 사집(詞集)인 『화간집(花間集)』에 수록되어 전해진다. 이 책에는 만당(5명)과 오대(13명)의 18명의 사 500수를 실었다. 여기에 실린 사를 화간사(花間詞)라고 한다.

화간사는 온정균의 사풍을 모방하여 여리고 아름다운 서정을 보이는 것이 대부분이다. 작품 속에 '기라향택(綺羅香澤 : 아름다운 비단 옷과 향기로운 화장품 냄새)'의 묘사가 충만하다. 이를 '화간풍(花間風)'이라고 하며 완약파의 시초가 된다. 대표 작가로는 위장(韋莊 : 836~910)을 들 수 있다. 내용은 온정균과 유사하지만 풍격이 청려소아(淸麗疏雅 : 맑고 고우며 소담하고 아담함)하며 질박한 언어로 개인의 감정을 직접 토로한 점이 다르다.

화간파 외에 남당(南唐)의 중주(中主) 이경(李璟 : 916~961)과 후주(後主) 이욱(李煜) 및 고관 풍연사(馮延巳) 등이 많은 사를 남겼다. 그 중 풍연사(903~960)는 119수의 사를 남겼는데, 대부분 이별의 한과 사랑을 노래한 작품으로 풍격이 화간파 중의 위장과 가깝다.

이욱(937~978)은 남당의 마지막 왕이어서 후주(後主)로 불린다. 그의 사는 40여 수가 전해진다. 풍격은 전기의 사는 전체적으로 향락적 정취가 충만하지만, 북송의 포로가 된 후기의 작품에는 옛날을 추억하면서 비탄에 젖는 비애와 한이 충만하며, 충실하고 진지한 감정이 드러난다.

2. 산문 : 고문운동과 고문의 부활(1)

동한(東漢) 이후 위진남북조를 거치는 동안 변문(駢文)이 성행하면서, 내용보다는 수사 위주로 흐르는 형식화 경향이 심해졌다. 위진남북조 말부터 당대 초기까지 이에 대한 반성으로 한(漢) 이전의 질박한 '고문'으로 돌아가자는 움직임이 일어났다. 그 중심에는 역사가와 문인이 있었다. 이들의 노력은 중당의 한유와 유종원에 이르러 본격적인 '고문운동'으로 결집되어 커다란 성과를 이루었다. 그러나 만당에 이르러 유미주의 조류와 함께 다시 변문이 주류를 차지하였다. 고문운동의 완전한 성공은 북송의 구양수(歐陽修)에 가서야 실현된다.

(1) 고문운동(古文運動)

① 고문운동의 선구

고문운동의 배경은 변문(駢文)에 대한 반동 이외에, 사상적인 면도 중요한 역할을 하였다. 위진남북조를 거치는 동안 노장사상(老莊思想)과 불교가 성행하면서 유교가 쇠퇴하자, 일부 지식인을 중심으로 사상 회복 움직임이 대두하였다. 이것이 고문 운동의 중요한 계기가 되었다.

양(梁)의 배자야(裴子野 : 469~530), 서위(西魏)의 소작(蘇綽 : 498~546), 수(隋)의 이악(李諤)과 왕통(王通 : 584~617) 등이 이미 위진남북조의 변려체를 반대하고 질박한 고문체를 사용할 것 주장하였다.

당대 초기에는 역사가인 이백약(李百藥 : 565~648), 위징(魏徵 : 580~643), 요사렴(姚思廉 : 557~637), 영호덕분(令狐德棻 : 583~666), 이연수(李延壽) 등이 위진남북조의 문풍을 공격하고 실용적 문학론을 천명하였다. 왕발, 진자앙, 원결(元結 : 719~772?), 소영사(蕭穎士 : 717~768), 양숙(梁肅 : 753~793), 유면(柳冕 : 730~804) 같은 문인들도 수식보다는 내용을 중시해야 하며, 내용은 충효와 인의를 선양하는 도덕적인 것이어야 한다는 주장을 하였다. 그 중 유면은 유도(儒道 : 유가의 도)와 문학의 합일을 주장하여 한유와 유종원의 고문 운동의 직접적인 선구가 되었다.

② 한유(韓愈)와 유종원(柳宗元)의 고문운동

한유(764~824)는 3세에 고아가 된 뒤, 각고의 노력으로 독학하여 육경(六經)과 제자백가에 능통하게 된 인물로, 성격이 강직하였다. 원화(元和) 14년(819)에 「간영불골표(諫迎佛骨表)」를 올린 일로 조주자사(潮州刺史)로 폄적되었을 정도로, 그의 사상은 존유배불(尊儒排佛) 의식이 매우 강하였다. 이것이 그의 문학관과 고문운동의 기초가 되었다. 그는, 유가의 도통(道統)이 요(堯)에서 주공(周公)을 거쳐 공자, 맹자로 이어진 이후 끊어졌는데, 이를 되살리는 것이 자신의 임무라고 자부하였다. 그는 문장은 도를 밝히는 수단일 뿐이라고 여기고 변문을 반대하고 산문을 중시하였다. 작가의 수양을 강조하고 언어의 독창성을 추구하였으며 어법 규율에 맞는 문장을 쓸 것을 주장하였다.

유종원(773~819)은 하급관료 출신이었다. 정원(貞元) 9년(793) 진사에 급제한 후, 왕숙문(王叔文) 일파의 정치 집단에 가담하여 정치 개혁에 동조하였으나, 실패한 뒤 영주사마(永州司馬)로 좌천되고 다시 유주자사(柳州刺史)로 옮겼다. 그의 문학관은 기본적으로 한유와 일치하지만 다음과 같은 차이가 있다. 첫째 사상 면에서 한유와 달리 유교와 불교를 모두 인정하였다. 둘째, 한유가 문을 도의 수단으로만 본 반면 그는 문도 중시하였다. 셋째, 한유의 도가 유가의 도이고 문이 산문에 치우친 데 비해, 그의 도는 작문과 예술의 도를 포함하며 문에는 운문을 포함하고 변문(騈文)도 고려하였다.

한유와 유종원이 고문을 주창한 이후, 상주문과 조칙 등을 제외하면 변문 사용이 감소하였다. 이후 이고(李翶 : ?~844?), 황보식(皇甫湜 : 814 전후), 이한(李漢), 피일휴(皮日休 : 838?~883?), 육구몽(陸龜蒙 : ?~881), 나은(羅隱 : 833~909) 등이 고문운동을 계승하였다.

그러나 만당에는 다시 변문이 성행하였다. 온정균, 단성식(段成式 : 803~863), 이상은 세 사람이 만당 변문의 대가였다. 그들은 모두 배항(排行)이 16이어서 그들의 변문을 '삼십육체(三十六體)'라고 부른다.

③ 고문운동의 영향

고문운동의 긍정적인 영향으로는, 평이하고 질박한 산문을 제창하고 극단적인 개인주의와 낭만주의, 유미주의 사조를 일소하면서 문학의 실용성을 강조하였다는 점을 들 수 있다. 또 한유와 유종원이 실제로 산문 창작에서 커다란 성과를 거두었고, 전기소설 같은 문학 양식의 성행에도 좋은 영향을 미친 점 등도 긍정적인 면이다.

그러나 문학의 진화 원리를 무시하고 '귀고천금(貴古賤今)'의 관념을 조성한 점, 지나치게 실용을 중시하여 문학을 윤리도덕의 부용으로 만든 점, 경전, 역사, 철학을 문학의 정통으로 여기고 순문학인 시,

소설, 희곡 등을 천시하는 기풍을 조성한 점 등은 부정적 영향이라는 평가를 받는다.

(2) 당대의 산문

한유는 의론문(議論文)과 잡문(雜文)에 특히 뛰어났다. 그의 의론문은 논리 전개 속에 강렬한 감정을 싣고 문장의 기세가 충만하며 논리가 엄밀하다. 대표작으로 「원훼(原毁)」, 「원도(原道)」, 「논불골표(論佛骨表 : 간영불골표)」, 「사설(師說)」 등이 있다. 잡문은 주로 사회의 어두운 현실을 풍자한 것으로, 독특한 예술 풍격을 지닌다. 「잡설(雜說)」, 「진학해(進學解)」, 「획린해(獲麟解)」 등이 있다. 그밖에도 서사, 서정 등 다방면의 명작을 많이 남겼다. 한유 산문의 예술적 특색은 감정이 충만하고 기세가 호방하며, 구성이 엄밀하고 파란과 곡절이 있으며, 언어가 세련되고 독창성이 강한 것이다. 그러나 일부 문장은 난삽한 흠이 있다.

유종원의 산문은 우언문(寓言文 : 小品)과 전기문(傳記文), 유기문(遊記文)에 빼어난 성취를 보인다. 「삼계(三戒)」, 「부판전(蝜蝂傳)」 등의 우언문은 풍자성이 짙다. 예리하고 간결한 언어로 해학적이면서 침울한 풍격을 드러내는데, 과장과 대비 및 의인법을 많이 사용하였다. 「포사자설(捕蛇者說)」, 「종수곽탁타전(種樹郭橐駝傳)」 등으로 대표되는 전기문은 대부분 하층 인물을 묘사하였는데, 비판 의식이 짙고 형상(形象)이 생동적이다. 「영주팔기(永州八記)」를 비롯한 유기문은 경물 묘사에 격정을 잘 실어내었다. 필치가 산뜻하고 빼어나게 아름다우며 '시정화의(詩情畵意)'가 풍부한, 문학성 높은 산문이다.

만당의 피일휴(皮日休)와 나은(羅隱)은 풍자산문에 뛰어났고, 육구몽(陸龜蒙)은 소품문에 비유와 우언 형식을 잘 활용하였다.

당대에는 본격적인 시론서(詩論書)와 문학론을 피력한 시문(詩文)들도 출현하였다. 시론서로는 석(釋) 교연(皎然)의 『시식(詩式)』과 『시평(詩評)』, 사공도(司空圖 : 837~908)의 『이십사시품(二十四詩品)』, 장위(張爲 : 874 전후)의 『시인주객도(詩人主客圖)』 등이 있다. 모두 송대에 본격적으로 등장한 시화(詩話)의 선구가 되었다. 문학론을 피력한 시문인 두보(杜甫)의 「희위육절구(戱爲六絶句)」는 시인에 대한 평가와 시론을 전개한 칠언절구 여섯 수이다. 이것은 시의 형식으로 시에 관한 견해를 피력하는[以詩論詩] 논시시(論詩詩) 특히 논시절구(論詩絶句)를 짓는 풍조를 열었다.

3. 소설 : 전기와 변문-본격소설의 출발

당대에는 근대소설의 면모를 갖춘 본격소설이 창작되었으며 강창(講唱)도 출현하였다. 전자는 문언소설인 '전기(傳奇)'이고 후자는 '변문(變文)'이다.

(1) 전기(傳奇)

① 개황

'전기(傳奇)'는 '기이한 일을 기록한다(傳述奇異)'는 뜻으로 명칭은 육조의 '지괴(志怪)'와 다를 바 없다. 그러나 지괴가 민간전설, 설화, 종교담(宗敎譚) 등을 비교적 단순하게 기록한 것에 비해, 전기는 대부분이 편폭이 길어지고 플롯을 갖추었으며 주제가 확고하고 많은 작품이 제재도 대부분 현실에서 취하여, 근대적인 의미의 소설적 특성을 갖추기 시작하였다. 이 점에서 전기는 중국의 본격소설의 시작이라고 할 수 있다.

전기의 주요 작품은 대부분 중당 시기에 창작되었다. 초·성당 시기에는 작품 수도 적고, 지괴적 색채가 농후하여 문학적 가치가 비교적 낮다. 대표작으로 왕도(王度 : 584?~?)의 「고경기(古鏡記)」, 무명씨의 「보강총백원전(補江總白猿傳)」, 장작(張鷟 : 660?~740)의 「유선굴(遊仙窟)」 등이 있다.

중당은 전기 소설의 번성기로 주요한 작품은 대부분 이 시기에 지어졌다. 지괴 색채를 지닌 것도 있지만 현실 생활을 반영한 것이 대부분이다. 대표작으로 심기제(沈旣濟 : 750?~790?)의 「침중기(枕中記)」와 「임씨전(任氏傳)」, 이공좌(李公佐 : 770?~850?)의 「남가태수전(南柯太守傳)」, 이조위(李朝威 : 766~820)의 「유의전(柳毅傳)」, 백행간(白行簡 : 775?~826)의 「이왜전(李娃傳)」, 장방(蔣防 : 792~835)의 「곽소옥전(霍小玉傳)」, 원진(元稹 : 779~831)의 「앵앵전(鶯鶯傳)」, 진현우(陳玄祐 : 779 전후)의 「이혼기(離魂記)」, 곽식(郭湜 : 700~788)의 「고역사외전(高力士外傳)」, 요여능(姚汝能)의 「안록산사적(安祿山事迹)」, 진홍(陳鴻 : 806 전후)의 「장한가전(長恨歌傳)」과 「동성노부전(東城老父傳)」 등이 있다.

만당에는 전기 전집(專集)이 대량으로 출현하였다. 우승유(牛僧儒 : 780~848)의 『현괴록(玄怪錄)』, 배형(裴鉶 : 860 전후)의 『전기(傳奇)』, 황보매(皇甫枚 : 841?~911?)의 『삼수소독(三水小牘)』, 설용약(薛用弱)의 『집이기(集異記)』, 이복언(李復言 : 831 전후)의 『속현괴록(續玄怪錄)』 등이 그

것이다. 주요 작품으로는 두광정(杜光庭 : 850~933)의 「규염객전(虯髯客傳)」, 원교(袁郊 : 868 전후)의 「홍선전(紅線傳)」, 배형의 「곤륜노(崑崙奴)」 등이 창작되었다.

② 분류

전기는 내용에 따라 다섯 가지로 분류한다.

첫째, 신괴류(神怪類)로 육조의 지괴를 계승한 것이다. 초당 시기에 나온 「고경기」, 「보강총백원전」, 「유선굴」 등이 여기에 속한다.

둘째, 풍자류로 비현실적이고 신괴(神怪)한 제재를 통하여 부귀공명이나 현실을 풍자한 것이다. 「침중기」, 「남가태수전」, 「임씨전」 등이 여기에 속한다.

셋째, 애정류로 남녀의 애정을 제재로 한 것이다. 문학적 가치가 가장 높다. 사람과 신 또는 영혼 사이의 애정을 다룬 것으로는 「유의전」과 「이혼기」 등이 있다. 재자가인의 사랑과 이별을 다룬 것으로는 「곽소옥전」, 「이왜전」, 「앵앵전」 등이 있다.

넷째, 호협류(豪俠類)로 영웅협객의 무용담인데 주로 당대 말기에 창작되었다. 「규염객전」, 「홍선전」, 「곤륜노」 등이 여기에 속한다.

다섯째, 역사고사류로 역사 사건에 약간의 허구를 가미한 것이다. 「장한가전」, 「동성노부전」, 「고역사외전」 등이 여기에 속한다.

③ 영향

당대 전기는 본격소설로 '허구문학(虛構文學)'의 예술적 가치를 확립했다는 점에서 중국 소설의 중요한 이정표가 되었고, 또 후대 문학에 적잖은 영향을 미쳤다. 첫째, 후대의 문언 필기소설(筆記小說)과 백화 화본소설(話本小說)이 모두 전기의 영향을 받았다. 둘째, 원 잡극(雜劇)과 명·청 전기(傳奇) 등 희곡의 창작에 소재와 표현 기교를 제공하였다.

(2) 변문(變文)

① 성격

변문(變文)은 돈황(敦煌) 권자본(卷子本) 속에서 발견된 새로운 문학 양식 중의 하나이다. 불교의 교리를 전파하기 위해, 불경의 내용을 통속적인 고사로 쉽게 바꾼 후, 음악 요소를 가미하여 사설과 노래를 섞어 일반인들에게 들려주던 양식이다. 당시 이 양식을 속강(俗講)이라고 하였으며, 그 대본을 변문이라고 불렀다. 속강을 하던 승려를 속강승(俗講僧)이라고 불렀다. 불교의 수입과 번역 작업을 통해 인도의 독특한 운·산문 병용체가 수입되어 정착된 것이다. 송대의 화본(話本)과 강창(講唱)의 원류가 된다.

② 종류

변문은 내용에 따라 강경변문과 민간변문으로 나눠진다.

강경변문(講經變文)은 불경을 쉽게 풀어 불교의 교리를 대중에게 전파하는 것을 목적으로 한 것이다. 「유마힐경변문(維摩詰經變文)」, 「항마변문(降魔變文)」, 「대목건련명간구모변문(大目乾連冥間救母變文)」, 「지옥변문(地獄變文)」, 「부모은중변문(父母恩重變文)」, 「팔상성도변문(八相成道變文)」, 「추녀연기(醜女緣起)」, 「유상부인승천변문(有相夫人升天變文)」 등이 있다.

민간변문(民間變文)은 역사 고사나 민간 고사를 소재로 한 것이다. 문학성은 강경변문보다 높다. 역사고사에서 소재를 취한 것으로는 「오자서변문(伍子胥變文)」, 「왕소군변문(王昭君變文)」 등이 있다. 민간 전설에서 소재를 취한 것으로는 「순자지효변문(舜子至孝變文)」, 「추호변문(秋胡變文)」, 「맹강녀변문(孟姜女變文)」 등이 있다. 그밖에 시사(時事)를 다룬 것으로 「장의조변문(張義潮變文)」과 「장회심변문(張淮深變文)」 등이 있다.

③ 영향

변문이 후대의 문학에 미친 영향도 적지 않다. 우선 강창(講唱) 문학의 직접적인 선구가 되었다. 다음으로 송대 화본소설 특히 강사(講史)의 형식과 내용에 영향을 주었다. 중국 고대 희곡이 창(唱 : 노래)과 백(白 : 대사)을 겸용하는 것과 명·청의 장편소설에 시, 사, 부, 변문(騈文) 등과 같은 운문이나 운문적 성격이 짙은 산문을 섞어 쓰는 것도 변문(變文)의 영향을 받은 것이다.

제5장
송대(宋代) 문학

당이 멸망한 후 오대 십국의 혼란한 정국을 수습하고 960년에 송나라가 건국되었다. 그러나 북서부의 서하(西夏)와 북동부의 요(遼)가 송 건국 초기부터 세력을 확장하여 송나라는 국토가 당에 비해 많이 축소되어 있었다. 또 1127년 금(金)이 북방을 침략한 정강(靖康)의 변(變)으로 수도를 임안(臨安 : 지금의 절강(浙江) 항주(杭州)시)으로 옮김으로써 중원의 통치권은 금나라에게 넘겨주게 되었다. 1276년 남송의 공제(恭帝 : 1274~1276 재위)가 원에 잡혀감으로써 송 왕조는 사실상 막을 내렸지만, 마지막 목숨을 부지하던 '송말삼제(宋末三帝)' 중 말제(末帝 : 1278~1279 재위)가 원군(元軍)에 패하여 죽은 1279년까지를 송으로 친다. 역사상 전기를 북송(北宋 : 960~1127) 후기를 남송(南宋 : 1127~1279)이라고 부른다.

송대는 이러한 사회 환경의 영향으로 당대와 같은 적극적이고 진취적인 기상은 사라지고, 음울하고 내성적인 정조가 지배하게 되었다. 따라서 무공(武功)보다는 문치(文治)를 더 중시하였다. 그 때문에 오히려 학술이 발달하고 문학이 창성할 수 있었다. 송대를 관통한 학술

사상은 철학적이고 사변적인 성리학(性理學)이었다. 이로 인해 송대의 시문(詩文)은 철리적인 특성을 지니게 되었다. 또 상업도시가 발달하여 사(詞), 소설, 희곡 등 다양한 민중 문예가 본격적으로 발흥하였다. 그 중에서도 사는 송대를 대표하는 문학 양식이 되었다.

1. 시가 : 사의 성행과 시의 변화

(1) 사(詞)

① 송사(宋詞) 흥성의 배경

사가 송대에 크게 흥성한 배경에는 다음과 같은 요인이 있다. 첫째, 상업 도시가 번성하면서 가무의 연락(宴樂)이 성행하게 된 점이다. 사는 본래 노래의 가사였고 민중 문예였기에 상업도시의 발전은 사의 수요층을 확대시켰다. 둘째, 문학 양식 자체의 발전이다. 시가 당대에 내용과 형식을 막론하고 더 이상 발전할 여지가 없을 정도로 최고로 발전하자, 문인들은 새로운 양식을 모색할 수밖에 없었는데, 만당 오대를 거쳐 발전해 온 사가 바로 그 양식이 되었다. 셋째, 군주들의 제창이다. 북송의 신종(神宗), 휘종(徽宗), 흠종(欽宗)과 남송의 고종(高宗), 효종(孝宗), 영종(寧宗) 등은 직접 사를 창작하였는데, 이는 귀족과 관료들의 사에 대한 관심을 고조시켰다.

② 북송 전기 : 만당 · 오대의 여풍(餘風)

북송 건국 직후인 10C말 약 4, 50년 동안의 침체기를 지나, 11C초 사회 경제적인 안정과 더불어 사가 창작되기 시작하였다. 완약한 서정을 노래하여 전아화완(典雅和婉 : 우아하고 부드러움)한 풍격을 지닌 만당·오대 풍의 소사(小詞)가 주류였다. 구양수, 안수(晏殊)와 안기도(晏幾道) 부자, 구준(寇準 : 961～1023), 송기(宋祁 : 998～1061) 등 조정의 대신들이 사단을 주도하였다.

안수(991～1055)의 사는 귀태(貴態)가 있으며 북송 사가(詞家)의 초조(初祖)로 불린다. 구양수(1007～1072)는 여성적 서정과 섬세한 감상(感傷)으로 시와 다른 사의 격조를 확정짓는 데 기여하였다. 안기도(1030～1106)는 오대의 완약(婉弱)한 사풍을 계승하면서 전기에는 귀공자풍, 후기에는 애상조의 작품을 지었다.

③ 북송 중기 : 형식과 내용의 발전－만사와 호방사

㉠ 유영(柳永)과 만사(慢詞)

북송 중기는 사의 형식과 내용이 확대 발전한 시기이다. 먼저 형식을 확대 발전시켜 만사(慢詞)를 대량으로 창작한 일군의 사인(詞人)들이 있었다. 유영(柳永), 장선(張先) 등이 그들이다. 그들의 사는 유창한 필치와 통속적 언어로 향락적인 도시 생활과 남녀의 애욕 등을 직설적으로 노래하였다.

유영(1045 전후)은 만사의 창시자이다. 그는 포서(鋪敍)의 수법, 상세한 묘사와 속어의 운용 등을 통하여, 주로 도시 남녀 특히 기녀의 감정, 도시의 생활과 시정(市井)의 모습, 객지를 떠도는 나그네의 심정 등을 잘 읊었다. “우물물을 마실 수 있는 곳이면 어디서나 유영의 사를 노래할 수 있었다”는 말이 있을 정도로 일반 대중의 취향에 영합하는 사를 잘 지었고 널리 유행하였다.

ⓛ 소식(蘇軾)과 호방사(豪放詞)

사의 내용을 확대하고 시화(詩化)시켰으며, 호방한 사풍을 일으킨 일군의 사인(詞人)으로 소식(蘇軾), 왕안석(王安石), 황정견(黃庭堅 : 1045~1105), 조보지(晁補之 : 1053~1110), 모방(毛滂 : 1056~1124?) 등이 있었다.

소식(1036~1086)은 호방파(豪放派)의 창시자이다. 그는 사에 전고와 산문적인 표현을 도입하였을 뿐만 아니라, 음악성보다는 문학성을 더 중시하여 사의 시화를 추구하였다. 또 회고(懷古), 영물(詠物), 서정(抒情), 서경(敍景) 등을 모두 사에 끌어들여 사의 영역을 확대하였다. 사풍은 기상이 장대하고 호방표일하여 이전의 완약한 사풍을 일소하였다. 소식의 이러한 노력 때문에 사는 비로소 정식으로 문학으로서의 위상을 확보할 수 있었다.

왕안석(1021~1086)의 사는 작품은 많지 않지만 아정(雅正)한 풍격을 보여 특색이 있다. 황정견과 조보지는 소식의 제자이다.

③ 북송 후기 : 사율(詞律)의 발전－격률파(格律派)

북송 후기는 사율의 발전기로 격률파가 주류를 이룬 시기이다. 사의 음률을 중시하고 세련된 표현을 추구하여 완약하면서도 전아한 사풍을 형성하였다. 또 사의 격조, 음률, 의경(意境)이 종합 정리되었다. 주방언(周邦彦), 진관(秦觀 : 1049~1110), 하주(賀鑄 : 1052~1125), 이청조(李淸照) 등이 대표 작가이다. 이들은 사의 격률을 중시한 점 때문에 격률사파(格律詞派)로도 불리고, 노래 가사로서의 사를 중시했다고 하여 악부사파(樂府詞派)로도 불린다.

주방언(1056~1121)은 격률파의 대표이며 북송 사의 집대성자이다. 음률에 조예가 깊어, 휘종(徽宗) 때 가곡을 정리하던 대성부(大晟府)의 책임자인 제거(提擧)가 되었다. 재임 중 기존 사조(詞調)의 악곡을 바로잡고 직접 새로운 곡을 만들기도 하였다. 그의 사는 음률이 엄정하고 아려(雅麗)하며, 언어 표현이 매우 세련되어 격률파를 완성하였다.

이청조(1084~1240)는 북송 말에서 남송 초에 걸쳐 활동한 여류 작가이다. 여성적인 섬세한 감각과 언어를 잘 활용한 것이 특색이다. 전기의 사풍은 청신하고 발랄하지만, 남편을 여의고 조국이 멸망한 뒤인 후기의 사풍은 침통하고 처량한 정조를 띤다.

④ 남송 전기 : 애국(愛國) 사－애상파(哀傷派)와 격정파(激情派)

남송 전기에는 북송의 멸망에 대한 비애와 격정을 노래한 애국사가 주류를 이룬 시기이다. 망국의 슬픔을 애상조로 읊은 일파는 사풍면에서 애상파(哀傷派)로 불린다. 주돈유(1080?~1175?)가 대표이다. 그의 작품에는 멸망한 조국 북송과 두고 온 고향을 그리는 슬픔이 드러난다. 그밖에 섭몽득(葉夢得 : 1077~1148), 상자인(向子諲 : 1085~1152) 등이 애상파에 속한다.

우국 충정과 망국의 한을 격정적으로 노래한 일파는 풍격 면에서 격정파(激情派)로 불린다. 남송의 호방파이다. 육유(陸游), 신기질(辛棄疾), 악비(岳飛), 장원간(張元幹 : 1091~1161?), 장효상(張孝祥 : 1132~1169), 유과(劉過 : 1154~1206), 유극장(劉克莊 : 1187~1269) 등이 이에 속한다.

육유(1125~1210)의 사에는 시와 마찬가지로 우국의 열정을 노래한 비장한 격정을 보이는 작품이 많다. 악비(1103~1142)는 항금(抗金)의 명장으로 작품은 많지 않지만, 대표작인 「만강홍(滿江紅) : 노발충관(怒髮衝冠)」은 항금의 열정을 장대한 기상과 비장한 정조로 읊은 명작이다.

신기질(1140~1207)은 남송 전기의 대표적인 호방파 작가로 북송의 소식과 더불어 '소신(蘇辛)'으로 불린다. 그의 사는 내용과 제재가 더욱 확대되어 시에서 다루는 것은 사에서도 모두 다루었다. 전고의 사용과 산문화의 수법도 더욱 확장하였다. 사풍은 호방한 점 말고도 고아한 면도 보인다. 현존 작품은 600여 수로 송사 작가 중 가장 많은 작품을 남기고 있다.

⑤ 남송 중 · 후기 : 격률사(格律詞)의 완성－사의 '강화(僵化)'

남송 중·후기에는 격률파가 주류를 이루었다. 1141년 금나라와 화의가 성립되어 소강상태를 유지하자, 문인들은 망국의 슬픔을 잊고 향락적인 생활에 젖었다. 내용 면에서 영물(詠物)에 치우치고 형식 면에서 주방언의 격률사를 계승하면서 화려한 조탁을 추구하였다. 격률파 또는 고전사파(古典詞派)로 불린다. 이 경향을 주도한 중기의 강기(姜夔), 사달조(史達祖 : 1155?~1220?), 오문영(吳文英 : 1205?~1270) 등은 음률의 조화와 문자의 퇴고(推敲)에 주력하였다.

강기(1155?~1235?)는 남송 격률파의 대표로 중국 사의 형식미를 최고조로 발휘하였다. 음악에 정통하여 새로운 사조를 직접 창작한 자도곡(自度曲)을 다수 남기고 있다. 그의 사는 자구의 조탁에 힘써 전아한 풍격을 드러내고 음운이 조화로우며 함축미가 뛰어나다.

후기의 주밀(周密 : 1222~1308), 장첩(蔣捷 : 1235?~1300), 왕기손(王沂孫 : 1240?~1290?), 장염(張炎 : 1248~1320) 등은 강기의 사풍을 계승하였다. 말기의 사인들은 사작(詞作)을 자신의 감정 표현보다는 정해진 격식 즉 사율에 맞춰 아름다운 표현을 메워 넣는 '작업'으로 변화시켰다. 격률파의 이러한 극단적인 격률과 조탁의 추구는 지나친 형식화를 초래하여 사를 '강화(僵化)'함으로써 쇠퇴를 앞당겼다. 사는 원명의 쇠퇴기를 지나 청대에 가서야 다시 부활한다.

(2) 시(詩)

① 당시와 송시

송시를 전반적으로 보면 당시와는 다른 점이 있다. 첫째, 성리학의 영향으로 설리(說理)적인 면이 많아졌다. 둘째, 논리의 개입으로 서술적, 산문적, 공용적인 특성이 강해졌다. 셋째, 확실하고 치밀한 표현을 추구하여 섬세해지고 미문(美文)과 묘문(妙文)이 적어졌다. 넷째, 시를 일기처럼 짓는 경향이 있어 생활에 밀착하고 자연시를 부정하는 경향이 있었다. 다섯째, 시풍은 평담(平淡)해지고 비애를 극복하였다. 당시는 서정성이 강한 반면 송시는 서사적인 면이 강해진 것이다. 그래서 당시를 '가슴으로 쓴 시'요 '보여주는 시'라고 하는 반면, 송시를 '머리로 쓴 시'요 '말해주는 시'라고 한다. 당시를 화려하고 풍성한 해당화와 함박꽃이나 감미로운 여지(荔支)에 빗대고, 송시를 고담(枯淡)한 한매(寒梅)와 추국(秋菊)이나 고삽(苦澁)한 감람(橄欖)에 빗대기도 한다. 또 당시를 술에, 송시를 차에 비유하기도 한다.

② 북송의 시

초기 반세기 정도는 만당의 유미시 계통의 서곤체(西崑體)가 성행하였다. 양억(楊億 : 974~1020), 유균(劉筠 : 971~1031) 등 17인의 『서곤수창집(西崑酬唱集)』에 수록된 250수가 대표작이다. 대우를 중시하고 전고를 많이 사용하며, 염려(艶麗)한 필치로 감상적인 정조를 노래하였다.

중기에 이르면 구양수(歐陽修)가 시가 혁신 운동을 전개하여, 서곤체의 형식적이고 무기력한 시풍을 지양하고 새로운 송시의 세계를 개척하였다. 그 결과 북송의 시풍은 평담화, 논리화, 산문화하는 경향을 띠게 되었다. 매요신(梅堯臣 : 1002~1060)과 소순흠(蘇舜欽 : 1008~1048) 등이 그의 동조자였고, 왕안석(王安石)과 소식(蘇軾) 등이 계승하여 송시를 더욱 발전시켰다.

구양수(1007~1072)의 시는 형식보다는 내용을 중시하고, 수사보다는 기세와 풍격을 중시하였으며, 이론의 전개를 허용하였고 묘사 대상을 가리지 않았다. 그는 또 북송과 당대(唐代)의 시와 시인에 대한 평론을 가한 『육일시화(六一詩話)』를 지어, 시에 관한 평론을 전개하는 시화(詩話)라는 체재를 창조하였다.

왕안석(1021~1086)은 구양수를 따라 한유(韓愈)의 시를 배우는 한편, 두보(杜甫)의 엄정한 격률과 조탁을 배우려고 하였다. 따라서 그의 시는 초기에는 산문적인 표현 방법을 활용한 시가 많은 반면, 후기에는 두보의 엄격한 작시 방법으로 지어 격조가 고고(高古)하면서 서정에 빼어난 작품도 있다.

소식(1036~1086)은 구양수의 제자로 송시의 영역을 확대하였으며, 청신(淸新)하고 평담(平淡)하며 웅방(雄放)한 시풍을 추구하였다. 그의 시는 풍부한 상상력과 치밀한 관찰과 구상을 통하여, 정(情)과 경(景)과 이(理)의 융화를 이루어내었다.

후기에는 강서시파(江西詩派)가 성행하여 송대에 영향이 가장 큰 시파가 되었다. 강서시파는 창시자인 황정견(黃庭堅)과 그를 이은 진사도(陳師道 : 1053~1101), 진여의(陳與義 : 1090~1138)가 대표자이다. 성당의 두보(杜甫)를 전범으로 내세웠기 때문에, 이들을 강서시파의 '일조삼종(一祖三宗)'이라고 한다.

황정견(1045~1105)은, 조구법(造句法)으로 '환골탈태(換骨脫胎)', '점철성금(點鐵成金)' 등을 내세웠다. 이전의 평범한 작품을 끌어와 자신의 작품 속에서 빼어나게 만든다는 의미이다. 또 글자마다 내원을 밝힐 것을 주장하였으며, 평측(平仄)이 격률에 어긋나는 요체(拗體)를 사용하여 새로운 격률을 추구하고, 진부하고 속된 표현을 버리고 특이하고 빼어난 표현을 추구할 것을 주장하였다. 그러나 창작이 이론을 실천하기 어려워, 모방과 표절에 빠지고 생경하고 난삽한 시가 되기 쉬웠다는 결점이 있었다.

③ 남송의 시

전기에는 남송사대가(南宋四大家)로 불리는 양만리(楊萬里 : 1124~

1206), 범성대(范成大 : 1126~1193), 육유(陸游), 우무(尤袤 : 1127~1194)가, 강서시파의 바탕 위에서 새로운 격식의 시를 지으려고 하였다.

육유(1125~1210)는 남송 초기의 대표적 애국시인으로 젊어서는 강서시파를 답습하였으나, 만년에는 도연명을 추존하였다. 현존하는 시만 10,000여 수가 이를 정도로 다작을 한 시인이었다. 시풍은 전기에는 호방하였으나 후기에는 한적하고 담박하였다.

후기에는 영가사령(永嘉四靈)이 만당의 가도(賈島)의 영향을 받아 유미주의 경향을 보였다. 서조(徐照 : ?~1211), 서기(徐璣 : 1162~1214), 옹권(翁卷), 조사수(趙師秀 : 1170~1219) 네 사람이다. 또 강호파(江湖派)가 자연에 은둔하며 다양한 시풍을 보였으나, 큰 성취는 없었다. 유과(劉過 : 1154~1206), 강기(姜夔 : 1155?~1235?), 오도손(敖陶孫 : 1154~1227), 대복고(戴復古 : 1167~1248?), 유극장(劉克莊 : 1187~1269) 등이다.

말기에는 망국의 한을 노래한 애국시인 문천상(文天祥 : 1236~1283)과 사고(謝翶 : 1249~1295), 임경희(林景熙 : 1242~1310)가 마지막을 장식하였다. 특히 문천상은 송대의 마지막 시인으로, 원(元)나라의 옥에 갇혀서 지은 오언고시 「정기가(正氣歌)」는 애국시인으로서의 기개가 드러나는 명작이다.

2. 산문 : 고문운동과 고문의 부활(2)

(1) 북송의 산문

북송 초에는 만당을 이어 사륙문이 성행하는 가운데, 왕우칭(王禹偁 : 954~1001)과 범중엄(范仲淹)의 문장은 비교적 소박하고 청신한 면모를 보였다.

범중엄(989~1052)의 산문은 정론문과 서신이 다수로 논리가 치밀하여 설득력이 있다. 명작 「악양루기(岳陽樓記)」는 서사, 서경, 서정, 의론(議論)이 어우러진 명편이다. 여기서 제시한 "천하의 근심스러운 일은 내가 먼저 근심하고, 천하의 즐거운 일은 남보다 뒤에 즐겨야 한다(先天下之憂而憂, 後天下之樂而樂)"는 그의 인생관은 후세에 미친 영향이 지대하다.

북송 초에 고문운동을 선도한 인물은 유개(柳開)와 윤수(尹洙) 등이다. 이들은 명도(明道)와 치용(致用)의 문장을 쓸 것을 주장하면서 한유(韓愈)의 문장을 추존하였다. 그러나 창작의 뒷받침이 없어 이렇다 할 성과를 내지는 못하였다.

송대의 고문운동을 성공시킨 주요 인물은 구양수이다. 그는 사상적 측면에서 중당 한유의 도통론을 계승하여 '위유벽불(衛儒僻佛)'의 입장을 지녔다. 그러나 그 태도는 한유에 비해 비교적 온건하고 합리적이었다. 문학적 측면에서는 시문(時文 : 과거 답안용 문장으로 고문과 대척적임)과 서곤체(西崑體)를 배척하고 공용성 높은 고문을 제창하였다. 문학 이론으로는 작가가 작품 속에 담은 사상이 훌륭하면 문장도 좋아진다는 '도승문지(道勝文至)'론을 주장하였다. 그의 고문 주창(主唱)은 삼소(三蘇 : 소순(蘇洵), 소식(蘇軾), 소철(蘇轍) 삼부자)와 증공(曾鞏), 왕안석(王安石)이 계승 발양함으로써 성공을 거두었다. 이들 6명을 당대의 한유, 유종원과 함께 '당송고문팔대가(唐宋古文八大家)' 또는 '당송팔대가'라고 부른다.

구양수(1007~1072)의 산문은 다양하여 의론(議論)과 서정, 서사를 다 갖추고 있다. 전반적으로 평이하고 창달(暢達)한 문풍을 이룩하였다. 한유에 비해 부드럽고 함축적이어서 음유(陰柔)의 미를 갖추었다는 평가를 받는다.

소식(1036~1086)의 산문은 문체가 다양하여 의론, 서정, 서사, 잡문(雜文) 등에 모두 뛰어났다. 필법이 광달(曠達)하고 구상이 자유분방하며, 문장이 청신하고 세련되어서, 풍격이 거침없고 유창하며 독창적인 특색을 갖추었다.

왕안석(1021~1086)의 산문은 간결하면서도 기상이 특출하다.

(2) 남송의 산문과 문학론

남송의 산문은 기본적으로는 북송의 구양수, 소식 등을 계승 발전시키면서도, 성리학의 영향으로 실용성을 더욱 강조하는 경향을 띠었다. 호전(胡銓 : 1102~1180), 섭적(葉適 : 1150~1223), 진량(陳亮 : 1143~1194) 등이 대표 작가이다.

남송에는 주목할 만한 문학 이론서가 나왔다. 엄우(嚴羽)의 『창랑시화(滄浪詩話)』가 그것이다. 그는 시를 참선(參禪)에 빗대어 '묘오(妙

悟 : 극치에 이르도록 깊이 깨달음)'가 필요하다는 묘오설을 제기하였다. 또 시에는 '흥취(興趣 : 감흥을 자아내는 언외의 意趣)'가 있어야 하는데, 그것은 논리[理]나 학식[書]과는 무관한 것이기 때문에, 말이라는 표현수단에 얽매이지 말고 함축과 여운을 살리도록 해야 한다는 흥취설을 주장하였다.

3. 소설 : 화본소설(話本小說)-백화소설의 태동

당대의 변문(變文)에서 발전한 강창은 송대에 상업도시의 발달과 함께 매우 성행하였다. 당시 도시에는 와사(瓦肆, 瓦舍)나 구란(勾欄)이라고 불리는 전문적인 연희(演戲) 장소가 생겼고, 고자사(鼓子詞), 도진(陶眞), 애사(崖詞), 제궁조(諸宮調) 등 다양한 강창이 연출되었다. 그 중 제궁조 등 창(唱)을 위주로 하는 것은 희곡으로 발전하고, 강(講)을 위주로 하는 설화(說話)는 소설로 발전한다.

송대의 소설은 대부분 화본소설(話本小說)로 백화소설이다. 송대에는 전문적인 이야기꾼인 설화인(說話人)이 있었다. 이들은 고사를 이야기하는 대본을 가지고 있었는데, 그것이 화본이다. 남송 시기에는 설화의 내용도 다양해지고 설화인도 많아져, 분업화하는 경향이 나타났다. 당시 설화인의 범주는 보통 네 영역이 있었다. 이를 '설화사가(說話四家)'라고 한다. 책마다 다소 차이가 있는데, 내득옹(耐得翁)의 『도성기승(都城紀勝)』에는 '소설(小說)', '설철기아(說鐵騎兒)', '설경(說經)',

'강사서(講史書)'가 나온다. 이 중에서 문학으로서의 '소설'과 가장 관계가 큰 것은 소설과 강사서이다. 이 점은 대부분의 책에서 대체로 일치한다. '소설'은 주로 당시 사회의 여러 가지 일이나 기괴한 이야기로 단편적이다. '강사서'는 '평화(平話)'라고도 하는데 주로 역사 사건이나 인물을 다룬 것으로 길이가 길다.

'소설'은 『경본통속소설(京本通俗小說)』에 9편이 실려 있고, 명 홍편(洪楩)이 엮은 『청평산당화본(清平山堂話本)』과 풍몽룡(馮夢龍)의 『삼언(三言)』 등에도 수록되어 있어, 도합 40편이 전해진다. 이들은 후대의 단편 백화 소설로 발전한다.

'강사서'로는 『대당삼장취경시화(大唐三藏取經詩話)』, 『신편오대사평화(新編五代史評話)』, 『대송선화유사(大宋宣和遺事)』 등이 있다. 이들은 후대의 장편 장회소설(章回小說)로 발전하는데, 『대당삼장취경시화』는 『서유기(西遊記)』, 『대송선화유사』는 『수호전(水滸傳)』의 모태가 된다.

4. 희곡 : 희문(戱文)－남곡의 성립

중국의 희곡은 고대의 정악(正樂)에 뿌리를 두고 있다. 고대에는 제왕의 업적을 악곡으로 만들어 기리는 '공성작악(功成作樂)'의 관례가 있었다. 이때의 음악에는 가무적 성격이 있어 후대 희곡의 뿌리가 되었다. 한대(漢代)에는 가면무(假面舞), 골계희(滑稽戲), 괴뢰희(傀儡戲), 잡희(雜戲) 등이 있었다. 이 중 일부는 고사를 연출하였다. 위진 남북조에는 서역 음악 수입의 영향으로 가무희(歌舞戲)가 성행하였다. 당대(唐代)에는 가무희가 더욱 발전하고 참군희(參軍戲), 골계희, 괴뢰희, 후희(猴戲) 등이 성행하였다.

송대에는 잡극(雜劇)[南曲]이라는 연희가 있었는데, 이것은 당의 참군희를 계승한 골계희의 일종으로 우스운 내용에 풍자를 섞은 오락적 성격이었다. 송대의 비교적 완전한 형식의 희곡은 희문(戲文)이라고 한다. 이것은 송대의 가무희와 강창 및 남곡 계통의 잡극을 바탕으로 완성된 것이다. 희문은 명대 희곡인 전기(傳奇)에 많은 영향을 미쳤다.

제6장
원(元)· 명(明) 문학

원대에서 민국 초기에 이르는 1276년부터 1917년까지는 근세문학 시기로 전통문학인 시문이 쇠퇴한 반면 소설, 희곡 등 민중 문학 이른바 '속문학(俗文學)'이 크게 성행한 시기이다. 그 중에서도 원대와 명대는 희곡에 있어 각각 북곡(北曲)과 남곡(南曲)이 완성된 시기라는 점에서 장(章)을 같이 하였다.

1. 원대(元代) 문학

원나라의 뿌리는 남송 영종(寧宗) 개희(開禧) 2년(1206) 징기스칸(成吉思汗 : 1206~1227 재위)이 몽골제국을 건국한 데서부터 시작한다. 그러나 쿠빌라이(忽必烈 : 1260~1294 재위)가 남송의 공제(恭帝)를 잡아간

1276년 이전까지는 강남의 남송이 엄존하였고 문학도 성행하여 이미 송대 문학에서 다루었다. 그 이후부터 순제(順帝) 지정(至正) 27년(1367) 멸망할 때까지 약 백 년 간이 원대 문학의 시기이다.

원대는 중국 희곡이 완성된 시기이다. 중국문학사에서 흔히 '원곡(元曲)'이라는 용어를 사용하는데, '곡(曲)'은 두 가지 문학 양식을 포함한다. 하나는 '희곡(戲曲)'이고 하나는 '산곡(散曲)'이다. 전자는 원대에 완성된 희극(戲劇)의 한 양식인 잡극(雜劇)을 말하고, 후자는 원대에 북방 민가를 바탕으로 새롭게 생겨난 시가의 한 양식을 말한다.

(1) 희곡 : 잡극-북곡의 완성

① 잡극(雜劇)의 성행 배경과 특징

원대는 잡극이라고 하는 희곡 양식이 등장하여 중국 희곡이 본격적으로 발전하는 시기이다. 원대에 잡극이 흥성한 원인은 다음과 같다. 첫째, 송·금 이후 발전해온 희곡 양식 자체의 발전이다. 특히 금나라의 원본(院本)의 직접적인 영향을 받고, 각종 공연 예술 형식을 융합하여 성립된 일종의 종합예술이 잡극이다. 둘째, 도시 경제의 발전으로 오락문화에 대한 수요가 증가하였다. 셋째, 직업 작가의 동업조직인 서회(書會)가 결성되어 전문 전업 작가 출현의 길이 열렸고 연원(演員)과의 합작도 가능해졌다. 넷째, 각 민족의 문화 특히 음악의 교류가 활발해졌다. 이런 배경 하에 원대 초기에 잡극은 이미 성숙 단계에 진입하였다.

원 잡극의 삼대 구성 요소는 창(唱), 과(科), 백(白)이다. 창은 노래로 삼 요소 중 가장 중요하며 서정의 기능을 담당한다. 과는 동작으로 상징적인 양식이 형성되어 있었다. 백은 대사로 서사적인 기능을 담당하는데 빈백(賓白)이라고도 한다.

잡극의 형식에는 비교적 엄격한 규칙이 있다. 첫째, 구조 면에서 일반적으로 한 작품은 4절(折)로 구성되는 것이 원칙이다. 절은 현대의 막(幕)에 해당한다. 간혹 서막 역할을 하는 '설자(楔子)'를 첫머리나 중간에 넣는 작품도 있다. 둘째, 각 절의 창 부분은 같은 궁조에 속하는 몇 개의 곡패(曲牌)로 이루어지는 하나의 투곡(套曲)이 사용된다. 그리고 이 투곡의 압운은 처음부터 끝까지 같은 운부에 속하는 글자를 운각으로 활용하여야 한다[一韻到底]. 셋째, 창은 남자 주인공인 정말(正末) 또는 여자 주인공인 정단(正旦)만이 혼자 독창한다. 정말이 독창하는 것을 말본(末本), 정단이 독창하는 것을 단본(旦本)이라고 한다.

② 잡극의 전개

㉠ 전기 : 몽골(蒙古) 시대 – 관한경파, 무대상연 중시, 통속적

몽골 시대는 원 세조(世祖) 쿠빌라이가 즉위한 1260년부터 남송을 멸망시키고 완전히 통일을 이룬(1276) 직후인 1280년까지 약 20년 동안으로, 중심지는 대도(大都) 즉 지금의 북경(北京)이었다.

이 시기는 관한경파(關漢卿派)가 주류였다. 관한경파는 연극으로서의 무대 효과와 청중들의 반응을 중시하였다. 제재는 주로 현실 사회의 각종 사건이나 역사 사건 등에서 취하였으며, 구어와 속어, 방언을 활용하여 통속적 성격이 강하다. 대표 작가로는 관한경(關漢卿), 무한신(武漢臣 : 1251 전후), 기군상(紀君祥 : 1260 전후), 양현지(楊顯之 : 1246 전후), 고문수(高文秀 : 1246 전후), 정정옥(鄭廷玉 : 1251 전후) 등이 있다.

관한경(1246 전후)은 원곡의 대표작가로 중국 희곡사상 가장 뛰어난 업적을 남겼다. 60여 종의 극본을 쓴 것으로 알려져 있으며 현존하는 작품이 16편이다. 생동감 넘치는 언어 구사로 인물의 형상화에 성공하였으며, 당시 억압받던 여성을 주인공으로 한 단본(旦本) 잡극을 많이 썼다. 그는 본인이 직접 연원으로 무대에 오르기도 하였다. 대표작으로 『구풍진(趙盼兒風月救風塵)』, 『두아원(感天動地竇娥寃)』, 『배월정(閨怨佳人拜月亭)』 등이 있다.

왕실보파(王實甫派)는 희곡으로서의 문사(文辭)를 중시한 일파로, 작가들이 고전문학에 대한 소양이 풍부하여 문장이 아정(雅正)하고 전고 인용에 능하였다. 제재는 주로 재자가인(才子佳人)의 사랑과 궁중 생활 등 민중 생활과는 동떨어진 것에서 취하였으며, 귀족적이고 문아(文雅)한 성격을 지닌다. 대표 작가로 왕실보(王實甫), 백박(白樸), 마치원(馬致遠 : 1251 전후) 등이 있다.

왕실보(1234 전후)는 관한경과는 달리 재자가인의 사랑과 상류사회 생활을 제재로 많이 취하고 문사가 아름다운 것으로 유명하다. 10여 종의 극본을 썼으나 현존하는 것은 3편이다. 당 전기 「앵앵전(鶯鶯傳)」을 각색한 『서상기(崔鶯鶯待月西廂記)』가 대표작이다. 일반적인 잡극이 4절(折) 1본(本)으로 된 것과는 달리, 이 작품은 5본으로 된 매우 긴 작품이다.

백박(1226~1285?)은 고전에 대한 소양이 가장 풍부한 극작가여서 곡사가 전아한 것으로 유명하다. 모두 16종의 극본을 지었으나 현존하는 것은 3편이다. 당 전기 「장한가(長恨歌)」를 각색한 『오동우(唐明皇秋夜梧桐雨)』가 유명하다.

관한경, 왕실보, 백박, 마치원을 원곡사대가(元曲四大家)라고 부른다.

㉡ 후기 : 일통(一統) 시대-왕실보파, 전려(典麗)한 곡사(曲辭)

후기는 다시 일통(一統) 시대와 지정(至正) 시대로 나눌 수 있다. 일통 시대는 남송을 멸망시키고 통일을 이룬 직후, 잡극의 중심지가 절강(浙江) 평양(平陽) 지역으로 남하한 시기인 약 1281년부터 1340년까지이다. 이 시기의 주류는 왕실보파(王實甫派)로 주로 전려(典麗)한 문사 위주의 작품을 창작하였다. 대표 작가로는 정광조(鄭光祖 : 1294 전후), 교길(喬吉 : 1280~1345), 궁천정(宮天挺 : 1294 전후) 등이 있다.

지정 시기는 대략 1341년부터 1360까지로 잡극의 쇠퇴기이다.

원곡 사대가에 후기의 정광조와 교길을 보태어 원곡육대가(元曲六大家)라고 한다.

(2) 시가 : 산곡-새로운 시가

① 산곡(散曲)의 체재와 특징

원대에는 정통 시와 사는 매우 쇠퇴한 반면 산곡이라는 새로운 시가 양식이 출현하여 성행하였다. 산곡은 금·원대에 북방의 민간에서 발생한 새로운 시가이다. 본디 잡극의 창(唱) 부분과 밀접한 관련이 있어서 초기의 작가들은 대부분 잡극 작가였다.

산곡의 체재는 구성 형식에 따라 셋으로 구분된다. 기본 형식인 소령(小令)은 독립된 한 편의 소곡(小曲)이다. 같은 궁조(宮調)에 속하는 소령 2,3곡을 합쳐서 한 수로 만든 것을 대과곡(帶過曲) 또는 합조(合調)라고 한다. 같은 궁조의 소령 여러 곡을 연결하여 만든 조곡(組曲) 형식을 투수(套數) 또는 투곡(套曲), 산투(散套)라고 한다.

산곡은 사와 유사하면서도 차이가 있다. 첫째, 구법 면에서 모두 장단구 형식이지만, 사가 고정된 구식인데 반해, 산곡은 정해진 자수 외에 자유롭게 보태어지는 글자인 '친자(襯字)'를 사용할 수가 있다. 따라서 표현이 보다 자유롭고 언어가 더 구어체에 접근하였다. 둘째, 압운 면에서는 비교적 엄밀하지만, 입성이 없어지고 평·상·거성을 통압(通押)할 수 있는 점은 사보다 자유로워진 점이다. 셋째, 풍격 면에서 명랑하고 발랄하며 거침없고 통쾌한 민가적 색채가 더욱 짙어졌다.

② 산곡의 전개

원 산곡의 전개 과정은 성종(成宗) 대덕(大德) 연간(1297~1307)을 중심으로 하여 전기와 후기로 나누어진다.

전기는 금(金)나라로부터 대덕 4년까지(1234~1300)이다. 이 시기에는 민중 문학적인 통속성과 백화 어기를 충분히 활용하여 질박하고 자연스러운 아름다움을 드러내는 호방한 풍격의 산곡이 주조를 이루었다. 대표 작가는 호방파로는 마치원(馬致遠 : 1251 전후), 장양호(張養浩 : 1270~1329), 유치(劉致 : ?~1335?), 관운석(貫雲石 : 1286~1324) 등이 있고, 청려파(淸麗派)로는 관한경(關漢卿 : 1246 전후), 백박(白樸 : 1226~1285?), 왕실보(王實甫 : 1234 전후) 등이 있다. 대부분 잡극 작가이다.

후기는 대덕 연간에서 원 말까지(1300~1367)이다. 수사와 표현 방법 면에서 시, 사와 남방문학의 함축과 단련의 수법을 받아들여 아려(雅麗)한 풍격을 지닌 청려파가 주조를 이루었다. 아울러 전문적인 산곡 작가가 출현하여 전문화하는 경향을 보였다. 대표 작가로는 청려파에 장가구(張可久 : 1270?~1350?), 교길(喬吉 : 1280~1345), 정광조(鄭光祖 : 1294 전후) 등이 있고, 호방파에 양조영(楊朝英), 종사성(鍾嗣成 : 1279?~1360?) 등이 있다.

2. 명대(明代) 문학

명대(1368~1644)는 정통 문학인 시문은 의고(擬古) 풍조가 주류를 이루면서 저조한 반면, 희곡과 소설은 매우 발달하였다. 특히 소설이 전성기를 누렸다.

명대 전기(1368~1487경)에는 경제 면에서 농업 생산과 수공업, 상업의 급속한 회복과 발전이 이루어졌으나, 정치 면에서는 황권의 통치를 강화하기 위해 승상과 삼성(三省 : 中書·門下·尙書) 제도를 폐지하고 공신을 대량으로 살육하는 공포정치가 펼쳐졌다. 사상 면에서는 성리학을 강력히 제창하고, 팔고문(八股文)으로 관리를 선발하였으며, 문인을 억압하는 정책을 시행하였다. 우수한 문학 작품은 주로 원·명

교체기에 창작되었다. 장편 백화소설인 사대기서(四大奇書)가 대표적이다.

후기(1488~1644)인 홍치(弘治), 정덕(正德) 이후에는 사회적인 변화가 현저해졌다. 경제 면에서 번영의 국면 가운데서도 토지 겸병과 유민(流民) 문제가 대두하였고, 도시의 상공업은 크게 발전하였다. 정치 면에서는 통치 계층의 부패와 이에 대한 지식인의 반발이 나타났다. 사상 면에서는 양명학(陽明學)이 대두하였는데, 왕간(王艮 : 1483~1541), 이지(李贄 : 1567 전후) 등을 대표로 하는 태주학파(泰州學派)의 급진사상은 문학에 많은 영향을 미쳤다. 소설과 희곡이 매우 성행하였다.

(1) 소설 : 장회소설-장편소설의 전성기(1)

① 소설 흥성의 배경

명대는 청대와 더불어 소설이 본격적으로 발달한 시기이다. 중국문학사를 개괄하여 왕조별 대표 양식을 나타내는 용어로 '한부(漢賦)', '당시(唐詩)', '송사(宋詞)', '원곡(元曲)'과 더불어 '명청소설(明淸小說)'이라는 표현이 흔히 사용된다. 명대에는 백화소설 특히 장편의 장회소설(章回小說)이 매우 발달하였다.

명대에 소설이 흥성하게 된 배경으로는 다음 몇 가지를 들 수 있다. 첫째, 백화문의 성숙과 표현 기교의 진보이다. 송·원대의 강창과 희곡에도 백화가 사용되었지만 아직 문언 투가 많이 섞인 반문반백(半文半白) 상태였던 데 비해, 명대에는 문인들이 의식적으로 백화문학을 제창하여 백화소설의 발전에 이바지하였다. 둘째, 소설에 대한 관념의 변화이다. 태주학파의 이지(李贄)나 공안파의 작가, 풍몽룡(馮夢龍) 등의 노력으로 소설의 문학성과 공용성이 높아져 소설에 대한 관념에 변화가 생겼다. 셋째, 도시경제의 발전과 시민계급의 등장으로 독자층이 확대되고 더불어 작가도 늘어났다. 넷째, 인쇄술의 발달과 서사(書肆 : 서점)의 증가로 소설의 간행과 구입이 용이해졌다.

② **백화소설**(白話小說)

㉠ 단편소설 : '삼언 · 이박(三言二拍)'

백화 단편소설로는 송대의 화본을 본떠 지은 의화본(擬話本)이 주류를 이루었다. 『삼언(三言)』, 『이박(二拍)』, 『금고기관(今古奇觀)』이 대표적인 작품집이다.

『삼언』은 풍몽룡(馮夢龍 : 1574~1645)이 지은 『유세명언(喻世明言)』(일명 『고금소설(古今小說)』), 『경세통언(警世通言)』, 『성세항언(醒世恒言)』을 말한다. 각각 40편씩 모두 120편의 의화본이 수록되어 있다. 풍몽룡은 소설의 사회적 효용을 인식하고 가치제고를 위해 노력하였다.

『이박』은 능몽초(凌濛初 : 1580~1644)의 『초각박안경기(初刻拍案驚奇)』와 『이각박안경기(二刻拍案驚奇)』를 말한다. 각각 40편씩 80편의 작품을 수록하고 있다.

『금고기관(今古奇觀)』은 포옹노인(抱甕老人)이 『삼언』(29)과 『이박』(10)에서 39편의 작품을 뽑고 자신이 1편을 추가하여 40편을 모은 발췌본이다.

㉡ 장편소설 : 사대기서(四大奇書)

명대 소설의 주류는 장편 장회소설(章回小說)이다. 명대를 대표하는 장회소설로는 원 말 명 초에 출현한 『삼국지연의(三國志演義)』, 『수호전(水滸傳)』, 『서유기(西遊記)』, 『금병매(金瓶梅)』가 있다. 이 넷을 흔히 '사대기서(四大奇書)'라고 부른다. 모두 사실(史實)을 바탕으로 허구를 보태어 이야기적 성격이 강화된 연의소설(演義小說)이다.

『삼국지연의』는 원 말 명 초 나관중(羅貫中 : 1367 전후)이 완성하였다. 내용은 위(魏), 촉(蜀), 오(吳) 삼국의 분열과 쟁패를 다루었다. 진수(陳壽 : 233~297)의 정사 『삼국지(三國志)』와 배송지(裴松之 : 372~451)의 주를 바탕으로 하고, 당대(唐代)에 민간에 유행하던 고사와 송·원대의 강사와 잡극의 이야기를 종합하여 만들었다. 원 지치(至治) 연간(1321~1323)에 신안(新安) 우씨(虞氏)가 간행한 『전상삼국지평화(全相三國志平話)』가 모본(母本)이다. 현재의 통행본은 청 모종강(毛宗崗 : 1661 전후)이 개작하고 비평한 『제일재자서(第一才子書)』(120회본)이다. 인물의 개성이 뚜렷하고 과장과 대비, 심리 묘사 등이 뛰어나고 표현이 세련된 특징을 지닌다. 문장은 문언과 백화가 섞여 있다.

『수호전』은 원 말 시내암(施耐庵 : 1296~1370)이 지었다는 설이 가장 유력하다. 북송 말 송강(宋江 : ?~1124)의 반란 이야기를 간략히 다룬 정사 『송사(宋史)』를 바탕으로 하고, 송·원대의 화본과 잡극 등에서 고사를 종합하였다. 『대송선화유사(大宋宣和遺事)』의 양산박(梁山泊) 이야기가 직접적인 모태가 되었다. 판본으로는 이지(李贄 : 1567 전후)의 『충의수호전(忠義水滸傳)』 100회본, 양정견(楊定見)의 『충의수호전서(忠義水滸全書)』 120회본, 청 김성탄(金聖歎 : ?~1661)의 『수호전』

70회본 등이 있다. 수호전의 예술 성취는 다음과 같다. 첫째, 세련된 백화문의 운용으로 백화문학의 최고봉에 올랐다. 둘째, 인물 묘사에 성공하였다. 셋째, '관핍민반(官逼民反 : 관리가 핍박을 가하면 민중은 반항한다)'의 주제가 선명하게 표현되었다.

『서유기』는 오승은(吳承恩 : 1500?~1588?)이 지었다. 당의 고승 현장(玄奘 : 602~664) 즉 삼장법사(三藏法師)가 인도로 불경을 구하러 가며 겪은 고난을 기록한 『대자은사삼장법사전(大慈恩寺三藏法師傳)』과 사서(史書)의 현장전(玄奘傳) 및 현장의 『대당서역기(大唐西域記)』를 바탕으로 하고, 남송의 『대당삼장취경시화(大唐三藏取經詩話)』와 금·원대의 희곡 등에 전하는 이야기를 개편한 것이다. 기이한 환상과 풍부한 상상으로 낭만주의 예술 특색을 최대한 발휘한 신마소설(神魔小說)로, 신화 문학의 걸작이다.

『금병매』는 난릉소소생(蘭陵笑笑生)이라는 필명의 작가가 지은 것으로 알려져 있다. 『수호전』의 '무송살수(武松殺嫂)'의 이야기를 확대 개편하였다. 관료이자 토호이며 부상인 서문경(西門慶)의 음란하고 방탕한 생활을 통하여 사회상을 조명한 언정소설(言情小說)이다. 제목은 서문경의 여러 첩 중 반금련(潘金蓮), 이병아(李瓶兒), 방춘매(龐春梅)의 이름에서 한 자씩 따온 것이다. 최고(最古) 간본은 만력(萬曆) 정사년(丁巳年 : 1617)의 『금병매사화(金瓶梅詞話)』 100회본이다.

③ 문언소설(文言小說)

명대에는 문언소설도 사대부들 사이에 성행했는데, 명 초 구우(瞿佑 : 1347~1433)의 『전등신화(剪燈新話)』가 대표작이다. 이것은 지괴와 전기의 영향을 받은 것으로, 대부분 고금의 기이한 이야기와 남녀 관계, 괴기사건 등을 다룬 작품을 모은 작품집이다. 이 책은 백화소설뿐만 아니라 후대의 희곡에도 많은 영향을 미쳤다. 조선 세조 때 김시습(金時習 : 1435~1493)이 지은 『금오신화(金鰲新話)』의 형식과 체재에도 어느 정도 영향을 미쳤다.

(2) 희곡 : 전기-남곡의 완성

명대에는 희곡도 찬란한 발전을 보였다. 원대에 완성된 잡극도 지어졌지만, 명대에 새로 흥성한 전기(傳奇)가 명대 희곡의 주류였다.

① 전기(傳奇)의 특징

전기는 남곡(南曲)으로 원 잡극에 비해 편폭이 길어지고 자유로운 것 등 잡극과는 다른 특징이 있다. 먼저 구조 면에서, 잡극은 4절이 원칙인 반면, 전기는 절(折) 대신 척(齣)이라는 용어를 사용하는데 척수가 제한이 없어 수십 척으로 된 긴 작품도 있다. 또 잡극이 간혹 설자(楔子)라는 서곡을 넣는 경우도 있는 반면, 전기는 개장(開場), 가문(家門), 제강(提綱) 등으로 부르는 제1척에서 전편의 대의를 설명한다. 악곡 면에서, 잡극은 매 절 하나의 궁조(宮調)와 하나의 운부(韻部)만을 사용하지만, 전기는 매 척에 정해진 궁조가 없고 환운(換韻)도 가능하다. 또 잡극은 매 절 한 사람만이 독창을 하지만, 전기는 등장인물 모두가 노래할 수 있다. 노래의 방식도 독창, 대창(對唱), 윤창(輪唱),

합창 등이 모두 가능하다. 가장 뚜렷한 음악적 차이는 잡극은 북곡(北曲)이고 전기는 남곡(南曲)이라는 점이다.

② 초기 : 오대전기(五大傳奇)

명대 초기의 전기는 오대전기(五大傳奇)로 불리는 『살구기(殺狗記)』[서진(徐畛)?, 36척], 『백토기(白兎記)』[작자 미상, 32척], 『배월정(拜月亭)』[시혜(施惠)?, 40척, 일명 『유규기(幽閨記)』], 『형채기(荊釵記)』[주권(朱權)?, 48척], 『비파기(琵琶記)』[고명(高明), 42척]가 대표한다.

③ 중기 : 곤강(崑腔)의 개량 – 전기의 아화(雅化)

명대 중기의 전기는 곡조나 성격 면에서 많은 변화가 있었다. 전기의 교화성(教化性)을 선양한 구준(丘濬 : 1420~1495)의 『오륜전비기(五倫全備記)』와 소찬(邵璨)의 『향낭기(香囊記)』가 중기의 선도적 작품이다.

이어지는 가정(嘉靖 : 1522~1566), 만력(萬曆 : 1573~1619) 연간은 전기의 전성기였다. 당시 성행하던 남곡으로는 사대성강(四大聲腔)으로 불리던 절강(浙江)의 해염강(海鹽腔)과 여요강(餘姚腔), 강소(江蘇)의 곤산강(崑山腔), 강서(江西)의 익양강(弋陽腔)이 있었다. 가정 연간 위량보(魏良輔 : 1489~1566)가 이들과 북곡의 장점을 흡수하여 곤산강(崑山腔)을 개량하였다. 이 개량된 곤강(崑腔)은 아름답고 감동적인 새로운 강조(腔調)로 다른 지방 강조를 압도하였다. 이것을 청대에는 곤곡(崑曲)이라고 불렀고 오늘날은 곤극(崑劇)이라고도 부른다.

양신어(梁辰魚 : 1520~1580)는 개량된 곤강을 사용하여 『완사기(浣紗

記)』를 지었다. 오나라와 월나라의 전쟁 후 범려(范蠡)와 서시(西施)의 이야기를 극화한 것인데, 곤강이 다른 강조를 압도하는 계기를 마련한 데 큰 의의가 있다.

그밖에 이개선(李開先 : 1501~1568)의 『보검기(寶劍記)』, 왕세정(王世貞 : 1526~1590)의 『명봉기(鳴鳳記)』 등이 곤강으로 지어진 작품들이다. 곤강은 청대 중엽 건륭(乾隆 : 1736~1795) 말까지 극단을 압도하였다.

④ 말기 : 격률파(格律派)와 문사파(文辭派)

곤강 이후 전기는 곡률(曲律)을 추구하는 방향으로 나아갔다. 따라서 명대 말기에는 곡률, 궁조, 곡사(曲辭), 창법에만 치중하고 극의 구성과 내용, 대사 등은 소홀히 하여, 희곡이 격률과 문사(文辭) 방면으로만 발전하여 문인들의 독서용이 되었다.

명말 곡률을 중시한 격률파는 오강(吳江 : 지금의 강소(江蘇) 소주(蘇州)시) 사람 심경(沈璟 : 1555?~1615)이 주도하였기에 오강파(吳江派)라고도 한다. 심경은 곡사와 곡률의 합치를 주장하였고, 곤곡의 음률 정리에도 기여하였다. 풍몽룡(馮夢龍)도 오강파에 속한다.

문사파는 임천(臨川 : 지금의 강서(江西) 무주(撫州)시) 사람 탕현조(湯顯祖 : 1550~1617)가 주도하여서 임천파(臨川派)라고도 하고, 탕현조의 당호 옥명당(玉茗堂)을 따서 옥명당파라고도 한다. 탕현조는 곡률보다는 곡사를 중시했으며, 성령(性靈)과 감정을 발휘할 것을 주장하였다. 대표작으로는 『옥명당사몽(玉茗堂四夢)』이 있다. 『임천사몽(臨川四夢)』이라고도 하는데, 당 전기소설 「곽소옥전(霍小玉傳)」을 각색한 『자채기(紫釵記)』, 「이혼기(離魂記)」를 각색한 『환혼기(還魂記)』(일명 『모란정(牧

丹亭)』, 「남가태수전(南柯太守傳)」)을 각색한 『남가기(南柯記)』, 「침중기(枕中記)」를 각색한 『한단기(邯鄲記)』이다. 문사파는 유미주의 경향이 짙지만 문학적으로는 격률파보다 우수한 것으로 평가된다.

⑤ 명대의 잡극(雜劇)

명대의 잡극은 남희(南戲)의 영향을 받아 1본 5절로 길어지고, 합창을 하는 등 체제 면에서 다소 변화를 보였다. 명대 초기의 작가로는 주권(朱權 : ?~1448), 주유돈(朱有燉 : 1379~1439)이 있었고, 중기에는 쇠퇴하였다.

중기에는 편폭이 짧아진 단절(單折) 잡극이 등장한다. 王九思(1468~1551)의 「중산랑(中山狼)」이 그러한 단극의 길을 열었다. 말기의 대표작이면서 명대 잡극의 대표작은 서위(徐渭 : 1521~1593)의 『사성원(四聲猿)』 즉 「광고사(狂鼓史)」, 「옥선사(玉禪師)」, 「자목란(雌木蘭)」, 「여장원(女狀元)」이다.

(3) 시가와 산문 : 의고주의(擬古主義) 성행

① 정통 시문

㉠ 전기 : 침체기

명대에는 정통 시문은 매우 침체하였다. 초기에 송렴(宋濂 : 1310~

1381)의 산문과 고계(高啓 : 1336~1374)의 시가 어느 정도 사회성이 있었고 명망을 얻었지만, 기상과 독창성은 결여되어 있었다. 이어서 양사기(楊士奇 : 1366~1444)를 대표로 한 대각체(臺閣體)가 성행하였는데, 공덕을 찬양하고 현실을 분식(粉飾)하는 작품이 대부분이었다.

다릉시파(茶陵詩派)의 이동양(李東陽 : 1447~1516)은 성당의 두보를 종법으로 하고 성조와 격률을 추구하여 전아하고 청려한 풍격의 시를 지었다.

㉡ 후기 : 전·후칠자(前後七子)와 공안 · 경릉파(公安竟陵派)

후기 들면서 이몽양(李夢陽 : 1473~1530), 하경명(何景明 : 1483~1521) 등의 전칠자(前七子)와 이반룡(李攀龍 : 1514~1570), 왕세정(王世貞 : 1526~1590) 등의 후칠자(後七子)가 나와서, "문장은 반드시 진한 시대를 숭상하고, 시는 반드시 성당 시대를 따라야 한다(文必秦漢, 詩必盛唐)."고 하면서 복고를 주장하여 커다란 영향을 미쳤다. 이들은 대각체와 팔고문을 반대하는 데에는 기여하였지만 볼 만한 성과를 내지는 못하였다.

전칠자와 후칠자 사이에 당송파(唐宋派)의 당순지(唐順之 : 1507~1560), 귀유광(歸有光 : 1506~1571) 등이 있어서, 전·후칠자의 의고주의에 반대하고 송대 시문의 전통을 계승하면서 청신한 작품을 지었다.

신종(神宗) 만력(萬曆) 연간(1573~1620)에는 태주학파의 영향을 받은 공안파(公安派)가 등장하였다. 공안파는 호북(湖北) 공안(公安)현 출신인 원종도(袁宗道 : 1560~1600), 원굉도(袁宏道 : 1568~1610), 원중도(袁中道 : 1570~1627) 삼 형제를 대표로 한다. 이들은 문학의 진화를 인정하고 복고를 반대하며 오직 성령만을 표현할 것을 주장하였다. 경릉파(竟陵派)의 종성(鍾惺 : 1574~1624)과 담원춘(譚元春 : 1586~1637)도 공안파의 입장에 동조하되 그들의 폐단을 시정하려고 노력하였다. 그러나 공안·경릉파는 복고파에는 타격을 주었지만 창작이 이론을 뒷받침하지는 못하였다.

다만 이들이 편폭이 짧으면서도 청신하고 유려한 문장인 소품문(小品文)을 창작한 것은 명대 시문에서 괄목할 만한 성취이다. 만명을 대표하는 소품문의 작가는 장대(張岱 : 1597~1684)이다. 그의 문장은 감정이 진실하고 개성이 뚜렷하며 자연스럽고 청려한 풍격을 지녔다.

또 명말에는 기사(幾社), 복사(復社) 등 문인 결사에 가담한 문인들이 문단을 이끌었다. 기사의 진자룡(陳子龍 : 1608~1647)은 남명(南明)의 반청(反淸) 인사로 비장하고 처량한 정조를 보이는 애국 시문을 창작하였다. 복사의 장부(張溥 : 1602~1641)는 기울어가는 명말 사회를 반영하는 시문을 지었다.

② 산곡(散曲)

명대의 산곡은 원대에 비해 전아하고 미려해졌다. 곤곡 유행 이전에는 서북파(西北派)와 남경파(南京派)가 있다. 서북파는 우렁찬 음절과 웅혼한 의경(意境)을 특징으로 한다. 작가로는 강해(康海 : 1475~1540), 왕구사(王九思 : 1468~1551), 풍유민(馮惟敏 : 1511~1580) 등이 있다. 남경파는 부드럽고 유연한 표현을 특징으로 한다. 대표 작가로는 왕반(王磐 : 1470?~1530?), 양신(楊愼 : 1488~1559), 당인(唐寅 : 1470~1523) 등이 있다.

곤곡 유행 이후에는 곤산파(崑山派), 오강파(吳江派), 화정파(華亭派) 등의 세 파가 있다. 곤산파는 완정한 격률로 유미적인 경지에 이르기를 추구하였다. 양신어(梁辰魚 : 1520~1580), 풍몽룡(馮夢龍 : 1574~1645) 등이 속한다. 오강파(吳江派)는 격률을 중시하였다. 심경(沈璟 : 1553~1610), 왕기덕(王驥德 : ?~1623) 등이 속한다. 화정파(華亭派)는 원대의 호방파와 청려파를 융합하였는데, 시소신(施紹莘 : 1588?~1640?)이 대표작가이다.

제7장
청대(淸代) 문학

청나라의 뿌리는, 북송 시대 금나라를 세워 북동 지역을 지배했던 여진족의 후예 누르하치(努爾哈赤)가 1616년에 세운 '후금(後金)'에서 출발한다. 그 아들 홍타이지(皇太極)는 1636년에 국호를 대청(大淸)으로 개칭하였다. 1644년에 이자성(李自成)의 반군이 명(明)의 수도 북경(北京)으로 진격하자, 청군(淸軍)이 뒤따라 진입하여 반군과 남명(南明) 정권을 진압하고 전국을 장악하였다. 따라서 청대의 문학은 1644년 이후부터 다룬다.

청초의 학자들은 양명학의 폐단과 명나라의 멸망에 자극을 받아, 경세(經世)를 위해서는 실사구시(實事求是)가 필요하다는 것을 느꼈다. 따라서 고대의 경학과 역사 등에 대한 연구를 진행하면서, 송대의 이학(理學)과는 다른 한대(漢代)의 훈고학의 방법을 받아들여 실증적으로 고증을 하였다. 이렇게 하여 고증학이 성립되어 청대 학술의 바탕이 되었다.

청대에는 고증학의 영향으로 전대의 경·사·자·집(經史子集)에 대한 종합적인 수집 정리와 연구 검토가 진행되었다. 이에 따라 전대의 모든 문학 양식이 재등장하고 전반적으로 복고적인 조류가 문단을 지배하게 되었다. 그 때문에 원·명대를 거치며 매우 쇠퇴했던 정통 시문과 사가 상당한 정도로 부활하였고, 이론적 정리도 이루어졌다. 그러나 문단의 주류는 역시 소설과 희곡이다.

1. 소설 : 장편소설의 전성기(2)

청대는 장편소설의 황금시대이다. 작품 수도 많고 내용도 다양하다. 청대에 이처럼 소설이 성행한 것은, 명 말에 소설의 위상이 높아졌고 청대의 김성탄(金聖歎 : 1608～1661), 이어(李漁 : 1611～1680), 원매(袁枚), 기윤(紀昀 : 1724～1805) 등의 가치 제고 노력이 있었기 때문이다. 김성탄은 천하의 문장 중 『수호전』보다 나은 것이 없다고 하였으며, 『수호전』과 『서상기』를 『이소』, 『장자』, 『사기』, 『두시(杜詩)』와 함께 묶어 육재자서(六才子書)라고 하였다. 또한 통속적인 소설이 넓은 민중 독자층의 환영을 받은 점, 인쇄술과 제지술의 발달 등도 소설 성행의 주요한 배경이 되었다.

(1) 장편소설

청대의 장편소설은 내용에 따라 언정소설(言情小說), 협의소설(俠義小說), 사회소설(社會小說)로 나눌 수 있다. 청대 말기 20여 년 사이에는 견책소설(譴責小說)로 불리는 작품이 대량으로 쏟아져 나왔다.

① 언정소설(言情小說)

언정소설은 남녀의 사랑을 중심으로 하여 인간들의 생활 감정 묘사를 위주로 한 것이다. 인정소설(人情小說)이라고도 한다. 대표작으로 포송령(蒲松齡)의 『성세인연전(醒世姻緣傳)』과 조점(曹霑)의 『홍루몽(紅樓夢)』이 있다.

포송령(1630~1715)의 『성세인연전』은 전생과 금생(今生)의 양세에 걸친 인간들의 인연으로 인한 과보(果報)를 다룬 대하소설로, 자연스럽고 매끄러운 백화 표현과 인물의 성격 묘사가 선명한 작품이다.

청대를 가장 대표하는 작품은 『홍루몽』이다. 이 작품은 원제가 『석두기(石頭記)』로 조점(曹霑)이 80회를 짓고 뒤의 40회는 고악(高鶚 : 1758~1815?)이 이어 썼다고 한다.

조점(1719?~1763)은 호가 설근(雪芹)이어서 조설근(曹雪芹)으로 많이 알려져 있다. 그는 본래 귀족 집안에서 태어났지만, 10세 무렵 집안이 완전히 몰락하여 가난하게 살다가 비참한 최후를 마쳤다고 한다. 『홍루몽』은 작가 자신의 이러한 체험을 바탕으로 한 자전적 소설이라고 보는 견해[胡適, 兪平伯]가 일반적이다. 내용은 가보옥(賈寶玉)이라는 귀족 공자와 그를 둘러싼 금릉십이채(金陵十二釵)라는 열 두 미녀들을 중심으로 한 이야기이다. 청대 말엽 몰락해 가는 대가(大家)의 젊은 남녀의 생태를 묘사하고, 거기에 한 귀족 가정이 몰락 과정에서 겪는 다양한 내용을 담고 있다.

『홍루몽』은 개성적인 인물 묘사를 통한 불후의 인물 전형 창조,

일상생활에 대한 세심한 관찰과 경험에서 우러난 사실적인 묘사, 인물의 정신세계를 뚜렷하게 부각시킨 심리 묘사, 수많은 인물과 사건의 유기적인 결합을 통한 탁월한 구성 능력, 등장인물에 어울리는 세련되고 생동적인 구어 등 여러 면에서 중국 소설의 최고봉에 올랐다. 이 작품의 유행에 따라 비극으로 끝나는 이 작품의 내용을 행복한 결말로 마무리한 것 등 수많은 속작(續作)들이 무더기로 발표되었다.

명대의 장편소설 사대기서 중 『삼국지연의』, 『수호전』, 『서유기』와 『홍루몽』을 합쳐 사대명저(四大名著)라고 한다.

② 협의소설(俠義小說)

협의소설은 정의로운 협객을 내세워 사회의 부조리와 암흑상을 타파하는 내용의 소설이다. 대표작으로 문강(文康)의 『아녀영웅전(兒女英雄傳)』과 석옥곤(石玉崑)의 『삼협오의(三俠五義)』가 있다.

문강은 성이 비막(費莫)이지만, 성을 흔히 생략하는 만주족의 관습에 따라 이름으로 통칭한다. 『아녀영웅전』은 의협적인 여주인공 하옥봉(何玉鳳)이 아버지의 원수를 갚는 이야기이다. 여자 협객을 주인공으로 내세운 점을 비롯한 참신한 구상과 쉽고 유창한 백화로 많은 독자층을 확보하였다.

『삼협오의』는 원제가 『충렬협의전(忠烈俠義傳)』으로, 포청천(包靑天)으로 불린 북송의 명판관 포증(包拯 : 999~1062)의 감화를 받은, 삼협(三俠)과 오의(五義)로 불리는 의적들의 활약상을 다룬 소설이다. 청말의 학자 유월(俞樾 : 1821~1907)은 약간의 수정을 가하여 『칠협오의(七俠五義)』로 이름을 바꿨다. 이 소설의 모방작들도 무수히 나왔다.

후대 무협소설의 원류가 된다.

③ 사회소설(社會小說)

사회소설은 사회의 여러 현상들을 다룬 소설로, 대표작으로 오경재(吳敬梓 : 1701~1754)의 『유림외사(儒林外史)』와 이여진(李汝珍 : 1763~1830?)의 『경화연(鏡花緣)』이 있다.

『유림외사』는 과거제도의 폐단과 부패에 대한 폭로를 중심으로 봉건 사대부들의 허위와 타락상 및 악습을 풍자한 작품이다. 구성 면에서 중심인물도 없고 체계적인 줄거리도 없는 점이 독특하다. 청말 견책소설에 많은 영향을 주었다.

『경화연』은 전반부는 관계에서 뜻을 잃은 당오(唐敖)가 무역하는 배를 타고 해외로 떠도는 이야기이다. 후반부는 측천무후가 과거시험에서 재녀(才女)를 선발하자 천상의 화신(花神)들이 인간 세상으로 내려와 재녀가 되어 기예를 자랑하는 내용이다. 풍부한 환상과 해학, 박학 등을 이용하여 남존여비 사상 등을 비판하고 있지만, 지나치게 현학적이라는 비판을 받는다. 이 소설은 노신(魯迅)이 '재학소설(才學小說)'이라고 부른 현학적인 소설의 출현에 영향을 주었다.

④ 견책소설(譴責小說)

청말 마지막 20년 동안은 사회와 관계(官界)의 병폐와 부정을 폭로하여 꾸짖음으로써 사람들을 각성시켜 망해 가는 조국을 구원하고자 하는 소설들이 대량으로 창작되었다. 노신은 이것을 '견책소설'이라고 명명하였다.

대표작으로는 이보가(李寶嘉 : 1867~1906)의 『관장현형기(官場現形記)』, 오옥요(吳沃堯 : 1867~1910)의 『이십년목도지괴현상(二十年目睹之怪現狀)』, 유악(劉鶚 : 1850?~1910)의 『노잔유기(老殘遊記)』, 증박(曾樸)의 『얼해화(孽海花)』 등이 있다. 이 네 편을 사대견책소설(四大譴責小說)이라고 한다. 모두 사회의 병폐와 관리들의 탐오(貪汚)를 직접 매도하며 멸망에 직면한 조국을 걱정하는 지식인들의 분노의 표출이다.

(2) 단편소설

청대에는 단편 문언소설도 적잖이 창작되었다. 주로 육조(六朝)의 지괴소설과 지인소설을 계승한 것이다. 대표작으로는 포송령(1640~1715)의 『요재지이(聊齋志異)』, 기윤(紀昀 : 1724~1805)의 『열미초당필기(閱微草堂筆記)』, 원매(袁枚 : 1716~1797)의 『신제해(新齊諧)』(일명 『자불어(子不語)』)가 있다.

『요재지이』는 명청 문언소설을 대표하는 작품으로 490여 편의 문언 단편이 수록되어 있다. 대부분 둔갑하는 여우나 귀신에 관한 이야기들이다. 당대 전기의 수법을 차용하여 탄탄한 구성, 풍부한 상상력, 세련된 언어, 치밀한 묘사, 뛰어난 창작성으로 중국 문언 단편소설의 최고봉에 올랐다. 뒤이어 같은 부류의 작품들이 대량으로 출현하였는데 『신제해』도 그 중 하나이다.

『열미초당필기』는 24권 1,100여 편의 이야기를 수록하였다. 내용은 대부분 귀신, 풍속, 시문(詩文), 전고(典故), 서화(書畫) 등에 관한

괴이한 이야기가 주를 이룬다. 기윤은 당 전기소설의 화려함을 반대하고 육조 지괴의 질박함을 추구하여 문장이 담박(淡泊)하고 청신하다.

2. 희곡 : 화부희－경극의 탄생

청대에는 희곡도 전반적으로 복고적이었다. 주류 희곡인 전기(傳奇)는 대체로 탕현조(湯顯祖)를 규범으로 삼았고, 단극(短劇)은 대체로 서위(徐渭)를 본떴으며, 잡극(雜劇)은 전반적으로 침체하였다.

① 전기(傳奇)

전기는 비교적 많은 작가가 나왔지만, 대표 작가는 이어(李漁), 홍승(洪昇), 공상임(孔尙任), 장사전(蔣士銓) 네 명을 들 수 있다.

이어(1611~1685)는 자가 입옹(笠翁)이고 절강(浙江) 사람으로 16편의 곡을 남겼다. 그 중 『내하천(奈何天)』, 『비목어(比目魚)』, 『신중루(蜃中樓)』, 『황구봉(凰求鳳)』 등 10편의 희극(喜劇)을 '입옹십종곡(笠翁十種曲)'이라고 한다. 이어의 희곡은 통속적인 표현, 등장인물에 걸맞은 대화 등 무대 상연에 알맞게 쓰인 것이 특징이다.

홍승(1646~1704)은 절강(浙江) 전당(錢塘) 사람이다. 전기로 『장생전(長生殿)』, 『회문금(迴文錦)』, 『회룡원(迴龍院)』 등이 있다. 대표작은 『

장생전』이다. 당 백거이(白居易)의 시 「장한가(長恨歌)」와 진홍(陳鴻)의 전기소설 「장한가전(長恨歌傳)」을 바탕으로 하여, 당 현종(玄宗)과 양귀비(楊貴妃)의 애달픈 사랑 이야기를 다루었다. 사건의 묘사, 음악적 구성 등에서 빼어난 작품으로 유명하다.

공상임(1648~1715?)은 산동(山東) 곡부(曲阜) 사람이다. 홍승과 함께 '남홍북공(南洪北孔)'으로 불린다. 『도화선(桃花扇)』과 『소홀뢰(小忽雷)』 두 편의 전기를 지었는데, 그 중 『도화선』이 유명하다. 명 말의 공자 후방역(侯方域)과 기생 이향군(李香君)의 사랑의 파란을 줄거리로 하고, 명 말의 국파가망(國破家亡)의 사회상을 곁들인 작품이다.

장사전(1722~1784)은 강서(江西) 연산(鉛山) 사람으로 10여 종의 극본을 지었다. '장원구종곡(藏園九種曲)'이라고 하는 3종의 잡극과 6종의 전기가 유명하다. 대표작은 백거이의 시 「비파행(琵琶行)」을 극화한 『사현추(四絃秋)』와 탕현조(湯顯祖)의 생애를 극화한 『임천몽(臨川夢)』이다.

② 화부희(花部戲) : 경극(京劇)

곤곡(崑曲)은 청대에 들어와서는 대중들이 알아들을 수 없는 귀족 문인들의 감상용으로 변하였다. 이에 건륭(乾隆 : 1736~1795) 연간에 이를 대신하여 여러 토속조(土俗調)에 의한 새로운 연극이 발생하였다. 당시 성행한 토속조로는 한조(漢調), 경조(京調), 휘조(徽調), 천조(川調), 서피조(西皮調), 이황조(二黃調), 익양강(弋陽腔) 등이 있었다.

당시 곤곡을 아부희(雅部戲)라고 부르는 반면 토속조들을 통칭하여 화부희(花部戲) 또는 난탄(亂彈)이라고 불렀다. 화부희는 아름다운 곡조와 통속적인 곡사(曲辭)와 변화 있는 연출 등으로 민중들은 물론이고 상류층도 애호하였다.

그 중 가장 널리 유행한 것이 피황(皮黃)을 주요 강조(腔調)로 하는 경희(京戲) 즉 경극(京劇)이다. 평희(平戲)라고도 한다. 경극의 형성 과정은 대략 다음과 같다. 먼저 감숙(甘肅) 지방에서 발생한 진강(秦腔)인 서피(西皮)와 호북(湖北)의 황강(黃岡)과 황피(黃陂) 지역의 토속조인 이황(二黃)이 결합하여 피황(皮黃) 즉 피황희(皮黃戲)가 만들어졌다. 이것이 최초의 경극이다. 이 피황은 호북(湖北)과 안휘(安徽)로 들어와 한조(漢調 : 호북)와 휘조(徽調 : 안휘)를 형성하였다. 건륭 말(1790 전후)에 사대(四大) 휘반(徽班)이 북경으로 들어가 피황을 공연하였고, 후에 여러 강조의 장점을 결합하여 북경의 극단을 장악하였다. 도광(道光 : 1821～1850), 함풍(咸豐 : 1851～1861) 연간에 휘반에 몸담고 있던 정장경(程長庚 : 1811～1880) 등이 피황을 바탕으로 하고 곤곡의 장점을 가미하여 북경 피황희 즉 경극을 완성하였다. 정장경은 경극의 비조로 불린다.

경극은 문학 면에서는 잡극이나 전기에 비해 유치하다. 그러나 제재는 이전 작품에서 취하였지만 문장을 통속화하여 상연 효과를 높였고, 대체적으로 편폭이 짧은 정채(精彩) 있는 작품이 많으며, 배경과 강조(腔調)의 조화가 복잡하여 관중들의 관심을 끌게 되었다. 경극은 현재에도 여전히 대중들의 인기가 높다.

3. 시가 : 복고파와 개성파, 사의 부활

(1) 시(詩)

① 초기

청대 초기의 시가는 명대의 유신(遺臣)인 전겸익(錢謙益 : 1582~1664)과 오위업(吳偉業 : 1609~1672)이 대표하였다. 전겸익은 웅심(雄深)하고 애염(哀艶)한 시풍으로 50여 년 간 시단의 맹주 노릇을 하면서, 송시를 적극적으로 추숭하여 종송파의 선구가 되었다. 오위업은 시풍이 미려하고 칠언 가행체에 뛰어났는데, 명의 멸망 이후의 시에는 애상적이고 적막한 내용이 많다.

② 중기 : 종당파(宗唐派)와 종송파(宗宋派)

그 뒤에는 종당파 종송파가 나와 복고적인 풍조를 일으켰다. 종당파를 대표하는 사람은 왕사정(王士禎)과 심덕잠(沈德潛)이다.

왕사정(1634~1711)은 이름을 왕사진(王士禛)이라고도 하며 신운설(神韻說)을 주장하였다. 송 엄우(嚴羽)의 언외의 여운을 중시한 시론을 계승한 것으로, 인위적인 수식이나 논리를 반대하고 자연스럽고 청신한 신정(神情)과 운미(韻味)를 주장하였다. 칠언절구에서 좋은 성과를 거두었지만, 시의 규모가 작은 것이 결점이라는 지적을 받는다.

심덕잠(1673~1769)은 격조설(格調說)을 주장하였다. 격조란 시의 표현 양식[格]과 언어의 음조[調] 같은 시의 형식적 요소를 말한다. 그는 성당시를 존중하고 '풍아(風雅 :『시경』의 「국풍」과 「소·대아」에 구현된 것과 같은 고아한 예술 정신)'를 좋은 시의 표준으로 여기고 온유돈후(溫柔敦厚)한 시풍을 중시하였다.

종송파는 전겸익을 계승하여 송시를 표준으로 삼아 치밀하고 섬세한 풍격을 추구한 일파이다. 송락(宋犖 : 1634~1713), 사신행(査愼行 : 1650~1727) 등은 북송 소식(蘇軾)의 시풍을 배우려고 노력하였다. 『송시기사(宋詩紀事)』 100권을 지어 송시를 연구한 여악(厲鶚 : 1692~1753)은 남이 잘 안 쓰는 괴벽(怪僻)한 글자와 전고를 많이 사용하였다.

③ 후기 : 성령설(性靈說)과 기리설(肌理說)

원매(袁枚 : 1716~1797)는 성령설을 제기하였다. 그는 격조파의 의고나 문구의 수식을 반대하고 시가의 도학적 제약을 반대하면서, 시는 작가의 참된 감정과 개성을 표현해야한다고 주장하였고, 문학의 시대성을 강조하였다. 그의 이러한 주장은 명대의 공안파(公安派)의 이론을 계승한 것이다.

정섭(鄭燮 : 1691~1764), 황경인(黃景仁 : 1749~1783), 장문도(張問陶 : 1764~1814), 공자진(龔自珍 : 1792~1841) 등도 성령파의 시인이다. 공자진의 「기해잡시(己亥雜詩)」 315수는 그의 생활과 사상을 반영한 개성적인 작품으로 풍자가 날카롭고 감정이 풍부한 낭만적 기풍을 보여준다.

옹방강(翁方綱 : 1733~1818)은 착실한 고증학자요 금석학자로 본래 신운설을 좋아하였으나, 그들의 시가 가볍고 실속이 없다고 여기고 기리설(肌理說)을 제창하였다. 기리란 학문[學理]을 근간으로 한 시가의 개성적인 결[文理]을 말한다. 그는 성령설도 함께 비판하였다. 기리설은 청대 후반기까지 시단에 많은 영향을 미쳤다.

④ 말기 : 복고와 혁신

만청(晩淸)에는 다시 송시파가 일어났다. 증국번(曾國藩 : 1811~1872), 김화(金和 : 1818~1885) 등이 앞장서고 동광체(同光體)로 불리는 진삼립(陳三立 : 1852~1936) 등이 뒤를 이었는데, 후자는 소식과 황정견을 존중하여 강서파(江西派)로도 불린다.

왕개운(王闓運 : 1833~1916) 같은 이는 한위(漢魏)와 성당(盛唐)을 내세웠는데 의고에만 머물고 말았다.

말엽에는 서양 문화의 영향으로 신파의 시가 나타났다. 황준헌(黃遵憲 : 1848~1905), 담사동(譚嗣同 : 1865~1898)과 유신파(維新派)로 불리는 강유위(康有爲 : 1858~1927), 양계초(梁啓超 : 1873~1929)가 그들이다 특히 황준헌은 "입에서 나오는 대로 표현한다(我手寫我口)"(「잡감(雜感)」)는 시구처럼 속어, 새로운 용어, 민가 형식을 도입할 것을 주장하였다. 그는 자신의 이런 주장을 '시계혁명(詩界革命)'이라고 명명하였다.

(2) 사와 산곡 : 복고적 경향

① 사(詞)

사 역시 고증학의 영향으로 이전 작품에 대한 관심이 증대됨과 더불어 복고적인 경향을 보였다. 사 작품집과 사보(詞譜), 운서(韻書)의 편찬도 활발하게 이루어졌다.

청대 초기에는 절서파(浙西派)의 개조인 주이준(朱彝尊)과 양선파(陽羨派)의 개조인 진유숭(陳維崧), 아름답고 처완(悽惋)한 사로 청대 사의 유행을 자극한 납란성덕(納蘭性德)이 있었다.

주이준(1629~1709)은 남송의 격률파 강기(姜夔)와 장염(張炎)을 추존하여 아정하고 음운이 잘 맞는 작품을 쓸 것을 주장하였다. 주이준을 비롯하여 공상린(龔翔麟 : 1658~1733), 이양년(李良年 : 1635~1694) 등 6명의 절서육가(浙西六家)가 있다.

진유숭(1625~1682)은 호방파인 북송의 소식(蘇軾)과 남송의 신기질(辛棄疾)을 받들면서, 오대와 북송의 사를 목표로 하여 작품을 지었다. 그밖에 조정길(曹貞吉 : 1634~1698), 오기(吳綺 : 1619~1694) 등이 있다.

납란성덕(1654~1685)은 만주 정백기(正白旗) 사람으로, 남당 후주 이욱(李煜)처럼 화려한 귀족 생활 속에서 느끼는 슬픔과 실의 같은 것을 처절할 정도로 아름답게 표현하였다. 납란성덕과 비슷한 풍격의 작가로는 왕사정(王士禎), 동세남(佟世南), 고정관(顧貞觀 : 1637~1714) 등이 있었다.

중기로 들어오면 장혜언(張惠言 : 1761~1802)이 「국풍」과 「이소」의 뜻을 사에 적용하여 '비흥기탁(比興寄託)'을 활용하여 함축적이고 온유돈후한 사를 지을 것을 주장하였다. 이에 많은 작가들이 호응하여 상주사파(常州詞派)를 형성하게 되었다. 주제(周濟 : 1781~1839)가 본격적으로 '기탁설(寄託說)'을 이론화하면서 세력을 크게 떨쳤다. 그밖의 작가로는 장혜언의 동생 장기(張琦 : 1764~1833)와 운경(惲敬 : 1757~1817), 전계중(錢季重) 등이 있다.

말기에도 상주사파나 절서파 계열의 의고적인 작가가 많았지만, 이와 달리 장춘림(蔣春霖 : 1818~1868) 같은 작가는 어지러운 사회와 백성들의 고통을 읊었다.

만청에는 사의 정리와 연구도 활발하게 진행되었다. 사화(詞話)도 많이 나왔는데, 왕국유(王國維 : 1877~1937)의 『인간사화(人間詞話)』가 대표적이다. 왕국유는 '경계설(境界說)'을 내세워, 경계가 있어야 좋은 작품이 되는데 참된 경물을 표현하고 참된 감정을 드러낼 수 있으면 경계는 생겨나는 것이라고 하였다.

② 산곡(散曲)과 민가(民歌)

청대에도 문인 산곡이 창작되기는 하였지만, 전반적으로 의고적인데다가 이렇다할만한 우수한 작가는 나오지 못하였다. 그보다는 민간에 유행하던 산곡 형식의 민가인 도정(道情)을 본떠 지은 작가가 주의를 끈다. 정섭(鄭燮 : 1693~1765)과 서대춘(徐大椿 : 1693~1771)이다. 그 밖에 초자용(招子庸 : 1793~1846)은 광동(廣東) 지방에 유행하던 민가인 월구(粵謳)를 모방한 민가를 지었다. 이러한 민요에 대한 수집과 정리도 활발하였다. 왕정소(王廷紹 : 1763~1820)의 『예상속보(霓裳續譜)』 등이 있다.

4. 산문 : 동성파－고문의 집대성

(1) 고문(古文)

① 초기 : 경세치용(經世致用)

청 초에는 삼대사(三大師)로 불리는 대학자 고염무(顧炎武 : 1613～1682), 황종희(黃宗羲 : 1610～1695), 왕부지(王夫之 : 1619～1692)가 경세치용(經世致用)의 문장관을 내세우며, 전·후칠자의 의고주의와 공안·경릉파의 낭만주의를 모두 배격하였다.

삼대가(三大家)로 불리는 후방역(侯方域 : 1618～1654), 위희(魏禧 : 1624～1860), 왕완(汪琬 : 1624～1690)은 당송의 한유(韓愈)와 구양수(歐陽修) 계통의 고문을 지어, 명말 소품문의 풍조를 바꾸는 역할을 하였다.

② 중기 : 동성파(桐城派)

청대의 고문은 강희(康熙 : 1662～1722) 말부터 건륭(乾隆 : 1736～1795) 초까지 완성된 동성파(桐城派)의 문장이 대표한다. 동성파는 안휘(安徽) 동성(桐城) 사람 방포(方苞), 유대괴(劉大櫆), 요내(姚鼐)가 주도하였다. 이들의 주장은 청초 삼대사의 경세치용의 문장관을 이론화한 것이다.

방포(1668～1749)는 동성파의 창시자이고 최고의 이론가였다. 그의 문장론은 대체로 다음과 같이 정리할 수 있다. 첫째, 문장가는 문인인 동시에 성인(聖人)이어야 한다. 즉 문과 도, 문인과 성인은 일체화하여야 한다. 둘째, 의법(義法)을 엄격히 추구해야 한다. 그가 말하는 의(義)는 공자의 『춘추』를 바탕으로 한 유교의 도의(道義)이고, 법(法)은 『춘추』의 포폄(褒貶)의 필법을 체득 한 뒤 『좌전』, 『사기』와 당송팔대가의 필법을 종지(宗旨)로 삼은 것을 말한다. 셋째, 문장의 최고 규범은 육경(六經)과 『논어』, 『맹자』이고, 그 다음은 『좌전』과 『사기』이며, 그 다음은 당송팔대가와 명대의 귀유광이다. 넷째, 문장은 아결(雅潔)하고 아순(雅馴)해야 한다.

유대괴(1698~1780)는 방포의 의법을 계승하면서도 『장자』와 『초사』를 좋아하여 신기음절(神氣音節)을 주장하였다. 신은 정신으로 기의 주인이며 기는 신의 작용인데, 이것이 문장의 음절 속에 살아 있어야 한다는 것이다. 즉 작자의 정신이 문자의 음조에 표현돼야 함을 주장한 것으로, 문장의 리듬을 중시하였다.

요내(1731~1815)는 유대괴에게 고문 의법을 배우고 방포의 이론을 계승하였다. 그는 유대괴의 신기음절을 보충하여 신리기미(神理氣味)와 격률성색(格律聲色)을 내세웠다. 신리기미는 문장의 내용과 정신이고 격률성색은 문장의 수사와 형식으로, 문장의 수사와 형식에 내용과 정신이 살아 있어야 함을 주장하였다. 그는 이런 관점에서 고문의 교과서로 『고문사유찬(古文辭類纂)』 75권을 엮었다. 이 책은 이후 200여 년 동안 영향력이 막강하였다.

증국번(曾國藩 : 1811~1872)은 동성파를 배웠으나 그 폐단을 시정하여 의리(義理)와 고증(考證)과 사장(詞章)을 융합하려 하였다. 요내의 『고문사유찬』에 경·사·자부(經史子部)의 문장도 보충하여 『경사백가잡초(經史百家雜鈔)』 20권을 엮었다.

③ 말기 : 신민체(新民體)

말기에는 동성파의 영향에서 어느 정도 벗어나 새로운 국면이 조성되었다. 독자적인 문체로 우수한 산문을 창작한 공자진(龔自珍 : 1792~1841), 위원(魏源 : 1794~1857)이 있었고, 신민체(新民體)라는 평이하고 통속적인 문장을 신문, 잡지 등에 발표하여 새로운 문장 기풍을 조성한 양계초(梁啓超 : 1873~1929)가 이 시기를 대표하였다.

(2) 변문(騈文)

동성파의 고문이 청대의 산문을 대표하지만, 변문의 기풍도 부활하였다. 초기에는 진유숭(陳維崧)을 이어 모기령(毛奇齡 : 1623~1716), 오기(吳綺) 등이 변문을 지었다. 건륭에서 도광(道光 : 1821~1850) 시기에는 변문이 고문파에 맞설 정도로 전성기를 맞이하였다. 원매(袁枚), 홍량길(洪亮吉 : 1746~1809), 공광삼(孔廣森 : 1751~1786) 등으로 대표되는 변문육대가(騈文六大家)가 활약하였다.

청말 최후의 변문의 대가는 완원(阮元 : 1764~1846)이다. 그는 『십삼경주소교감기(十三經注疏校勘記)』, 『황청경해(皇淸經解)』 등의 대 저술과 편찬서를 남긴 학자로, 아름답게 표현한 문(文)과 실용적인 필(筆)을 구분하면서, 육경이나 『사기』 같은 학술적인 문장은 문학이 아니고 변문이야말로 진정한 문학이라고 주장하였다.

참고문헌

羅錦堂 著,『中國散曲史』: 中華文華出版事業委員會(臺北), 1956.

陸侃如 著,『中國古典文學簡史』: 港青出版社(香港), 1978.

游國恩 等 著,『中國文學史』: 人民文學出版社(北京), 1979.

胡士瑩 著,『話本小說概論』: 中華書局(北京), 1980.

劉大傑 著,『中國文學發展史』: 上海古籍出版社(上海), 1982.

中國文學硏究會 편,『簡明中國文學史』: 學文社(대구), 1982.

青木正兒 著, 隋樹森 譯,『中國文學概說』: 臺灣開明書店(臺北), 1982.

金學主·李東鄕 저,『中國文學史』: 한국방송통신대학교출판부(서울), 1986.

吉川幸次郎 著, 陳順智·徐少舟 譯,『中國文學史』: 四川人民出版社(成都), 1987.

李修生·趙義山 主編,『中國分體文學史』: 上海古籍出版社(上海), 2001.

김학주 지음,『중국문학사』: 신아사(서울), 2007.

김학주 저,『중국문학의 이해』: 신아사(서울), 2008.

김장환 지음,『중국문학의 갈래』: 차이나하우스(서울), 2010.

김장환 지음,『중국문학의 벼리』: 차이나하우스(서울), 2010.

이철리 지음,『중국문학 48제』: 신아사(서울), 2012.

Kang-i Sun Chang, “Introduction”, The Evolution of Chinese Tz'u Poetry. Princeton Univ. Press, Princeton, New Jersey

【부록】

1. 중국어 문장부호(文章符號) 용법
2. 한중 문법용어(文法用語) 대조표
3. 한중 언어차이(言語差異) 대조표
4. 한중 역사기년(歷史紀年) 및 왕조(王朝) 대조표
5. 중국 고전문학(古典文學) 각 갈래의 성립과 전개
6. 중국 소수민족(少數民族) 명칭 및 분포지역 일람표
7. 중국 성(省) 자치구(自治區) 직할시(直轄市) 약칭표

1. 중국어 문장부호(文章符號) 용법

(1) 문장부호의 종류

문장부호는 문장에서 없어서는 안 될 중요한 성분이다. 정확한 문장부호의 사용은 문장의 의미를 분명히 나타낼 뿐만 아니라 문장의 구조와 어기를 이해하는데 있어 큰 도움이 된다. 중국어의 문장부호는 표점부호(標點符號)와 표기부호(標記符號)로 나눌 수 있다. 표점부호는 문장에서 휴지(休止)와 어기(語氣)의 정도가 다름을 나타내는데, 마침표, 물음표, 느낌표, 쉼표, 모점, 쌍반점, 쌍점 등이 있다. 표기부호는 문장에서 단어의 성질과 작용을 나타내거나 중단과 연속을 나타내는데, 인용부호, 괄호, 줄표, 말줄임표, 강조점, 붙임표, 가운뎃점, 서명부호 등이 있다.

(2) 문장부호의 용법

① 마침표/고리점 : 句號 [jùhào] 。

마침표/고리점은 진술문(陳述句)의 문장 끝에 사용하여 하나의 문장이 끝났음을 나타낸다. 어기가 약한 명령문(祈使句)의 문미에도 쓸 수 있다. 중국어의 마침표는 온점(.)이 아니라 고리점(。)임에 유의해야 한다.

北京是中華人民共和國的首都。

북경은 중화인민공화국의 수도이다.

亞洲地域非常廣闊，跨寒、溫、熱三帶，又因各地地形和距離海洋遠近不同，氣候複雜多樣。

아시아대륙의 지역은 매우 광활하여 한대·온대·열대를 모두 끼고 있으며, 또 각지의 지형과 바다로부터의 거리의 서로 다름으로 인해 기후가 복잡다양하다.

請您稍等一下。

잠시 기다려 주십시오.

② 물음표：問號［wènhào］?

물음표는 문장의 끝에 사용하여 의문의 어기를 나타낸다. 진술문이라도 추측의 의미가 담긴 문장에는 문장의 끝에 물음표를 쓴다.

他叫什麼名字？

그는 이름을 뭐라고 부릅니까?/이름이 무엇입니까?

難道你不了解我嗎？

설마 당신이 나를 이해하지 못합니까?

他大概還不知道吧？

그는 아마 아직 모르겠지요?

你是不敢說呢？還是不願意說？

당신은 감히 말하지 못하는 겁니까, 아니면 말하기 싫어하는 겁니까?

③ 느낌표 : 感歎號 [gǎntànhào] !

느낌표는 문장의 끝에 사용하여 강렬한 감정, 희망, 환희, 명령, 질책, 절규 등의 감정을 나타낸다.

這是一個多麽偉大的民族啊！

이는 얼마나 위대한 민족인가!

他還沒來！

그 사람 아직 안 왔네!

停止射擊！

사격 중지!

你給我(滾)出去！

너 나가/꺼져버려!

落到這個地步了！

이 지경까지 이르렀군!

④ 쉼표/반점 : 逗號 [dòuhào] ,

쉼표/반점은 문장 중간에서 읽기 쉽도록 문장을 잠시 끊어 쉬어야 할 부분을 나타낸다. 문장내부의 휴지(休止)를 표시하는 부호에는 쉼표 외에 모점(頓號), 쌍반점(分號)과 쌍점(冒號)이 있으나, 쉼표가 가장 일반적인 것으로 문장에서 제일 많이 쓰인다. 쉼표는 단문(單句) 안에서의 휴지를 나타내기도 하고, 복문(複句) 안에서 절(分句) 사이의 휴지를 나태내기도 한다.

對於這個城市，我並不陌生。

이 도시에 대해 나는 결코 생소하지 않다.

一篇作品是否能使讀者激動，的確是個問題。

한 편의 작품이 독자를 감동시킬 수 있느냐 없느냐는 확실히 문제이다.

我們看得見的星星，絶大多數是恒星。

우리가 볼 수 있는 별은 절대다수가 항성이다.

應該看到，科學需要一個人貢獻出畢生的精力。

과학은 한 사람이 필생의 정력을 바칠 것을 요구한다는 것을 알아야한다.

據說蘇州園林有一百多處，我到過的不過十多處。

듣자니 소주의 정원은 백여 곳이나 된다는데, 내가 가본 곳은 십여 곳에 지나지 않는다.

⑤ 모점/작은 쉼표 : 頓號 [dùnhào] 、

모점/작은 쉼표는 문장에서 병렬된 단어나 구를 갈라 구분하고 그 사이에서 휴지를 나타낸다. 모점이 나타내는 휴지는 쉼표의 휴지보다 짧다.

亞馬孫河、尼羅河、密西西比河和長江是世界四大河流。

아마존강, 나일강, 미시시피강 그리고 장강은 세계의 4대 강이다.

她是一個美麗、健康、活潑的姑娘。

그녀는 아름답고, 건강하고, 활발한 아가씨이다.

正方形是四邊相等、四角均爲直角的四邊形。

정방형은 네 변이 서로 같고, 네 각이 모두 직각인 사변형이다.

畵和詩表達了他們努力學習、爲祖國爭光的決心。

그림과 시는 학습에 힘쓰고, 조국을 위해 영광을 다투려는 그들의 결심을 표현하였다.

⑥ 쌍반점 : 分號 [fēnhào] ;

쌍반점은 복문 내부의 병렬된 절과 절 사이의 휴지를 나타낸다. 쌍반점이 나타내는 휴지는 쉼표보다 크며, 주로 병렬되는 절을 갈라 구분하는 데 쓰인다. 그러나 어떤 경우에는 병렬관계가 아닌 다중복문 내에도 쌍반점을 쓰는데, 쉼표를 쓰면 앞뒤 두 단계를 분별하기 쉽지 않게 되며, 마침표를 쓰면 또 앞뒤의 연관의미가 끊기게 되므로 쌍반점을 쓴다.

語言，人們用來抒情達意；文字，人們用來記言記事。

언어는 사람들이 감정과 의사를 표현하는 데 쓰며, 문자는 사람들이 언어와 일을 기록하는 데 쓴다.

在長江上游，瞿塘峽像一道閘門，峽口險阻；巫峽像一條迂回曲折的畵廊，每一曲，每一折，都像一幅絶好的風景畵，神奇而秀美；西陵峽水勢險惡，處處是急流，處處是險灘。

장강의 상류에서, 구당협은 마치 갑문과 같아 협곡입구가 험준하고, 무협은 굽이굽이를 우회하는 화랑과 같이 매 굽이마다 모두 한 폭의 훌륭한 풍경화 같아서 신기하고 아름다우며, 서릉협은 물살이 험악하여 도처가 급류이며, 도처가 험한 여울이다.

我國年滿十八周歲的公民，不分民族、種族、性別、職業、家庭出身、宗教信仰、教育程度、財産狀況、居住期限，都有選擧權和被選擧權；但是依照法律被剝奪政治權利的人除外。

우리나라의 나이가 만18세가 되는 국민은 민족, 종족, 성별, 직업, 가정출신, 종교 신앙, 교육정도, 재산상황, 거주기한을 불문하고 모두 선거권과 피선거권을 가지나, 법률에 의거하여 정치 권리를 박탈당한 자는 제외한다.

⑦ 쌍점/쌍모점 : 冒號 [màohào] :

쌍점/쌍모점은 앞뒤 문장의 의미가 대등하거나, 앞의 말이 뒤의 말을 총괄하는 경우 또는 뒤의 말이 앞의 말을 총괄하는 경우에 쓴다. 또 편지, 연설문, 원고 등의 첫머리나 호칭 뒤에 쓰기도 한다.

同學們 : 現在開會了。……

학우 여러분, 회의를 시작하겠습니다. ……

他十分驚訝地說 : "啊，原來是你！"

그는 매우 놀라서 말했다. "아, 원래 너였구나!"

北京紫禁城有四座城門 : 午門、神武門、東華門和西華門。

북경 자금성은 네 개의 성문이 있는데, 우문, 신무문, 동화문, 서화문이다.

動態助詞"着"在動詞後可以表示動作正在進行。例如 : ……

동태조사 '着'는 동사 뒤에서 동작이 진행 중임을 나타낼 수 있다.

예컨대, ……

外文圖書展銷會

日期 : 2015年7月1日－7月31日

時間：上午9:00－下午5:00

地點：上海博庫書城新華書店

主辦單位：中國圖書進出口總公司

외국어도서 전시판매회

기간：2015년7월1일-7월31일

시간：오전 9:00-오후 5:00

장소：상해 박고도서성 신화서점

주관사：중국도서수출입회사(본사)

⑧ 인용부호：引號 [yǐnhào] “ ” ‘ ’

인용부호는 다른 문장이나 다른 사람의 말을 인용할 때 사용하며, 또 특정한 호칭이나 의미가 있는 단어를 나타낼 때도 쓴다. 인용어 속에 또 다른 인용어가 나올 때는 큰따옴표(“ ”)를 먼저 쓰고 작은따옴표(‘ ’)를 쓴다.

“朝聞道夕死可矣”這句格言，流傳到今天至少有兩千年了。

“아침에 도를 들으면 저녁에 죽어도 좋다”는 이 격언이 오늘날까지 유전된 것은 적어도 이천 년은 되었다.

“狗拿耗子”和“猫哭耗子”一樣，都是歇後語。

‘개가 쥐를 잡다’(쓸데없는 일에 참견하다)는 ‘고양이가 쥐 앞에서 울다’(거짓으로 자비를 베푼다)와 마찬가지로 모두 헐후어이다.

這樣的“聰明人”還是少一點好。

이런 ‘총명한 사람’은 좀 적은 게 좋아.

他站起來問：“老師，‘得隴望蜀’是什麽意思？”

그는 일어서서 물었다. “선생님, ‘득롱망촉’이 무슨 뜻입니까?”

⑨ 괄호 : 括號 [kuòhào] ( )

괄호는 문장에서 해석이나 간단한 설명을 덧붙일 때 쓴다. 괄호를 사용한 부분은 문장의 구조와는 아무런 상관관계가 없다.

這篇小說環境描寫十分出色，它的描寫(無論是野外、或是室內)處處與故事的發展扣得很緊。

이 소설은 환경묘사가 매우 뛰어나다. 그 묘사는 (야외든 실내든 상관없이) 어디든지 고사의 발전과 긴밀하게 연결되어 있다.

可以說，除了《逸周書》(因爲《逸周書》是最難翻譯的)，先秦時期的歷史著作都有了韓譯本。

『일주서』 외에 (『일주서』는 가장 번역하기 어렵기 때문에) 선진시기의 역사저작은 모두 한국어 번역본이 있다고 할 수 있다.

⑩ 줄표/말바꿈표 : 破折號 [pòzhéhào] —

줄표/말바꿈표는 문장에서 뒷부분에 주석을 표시하거나 의미상의 전환, 변화 또는 발음상의 중단이나 연장을 나타낼 때 쓴다. 그 외에도 제목에 부제를 붙일 때 부제 앞에 쓰기도 한다.

知識的問題是一個科學問題，來不得半點的虛僞和驕傲，決定地需要的倒是其反面－－誠實和謙遜的態度。

지식의 문제는 과학문제로 조금의 허위와 교만이 있어서는 안 되며, 결정적으로 필요한 것은 오히려 그 반면, 즉 성실하고 겸손한 태도이다.

團結－－批評和自我批評－－團結

단결, 비평과 자아비평, 단결

我想請你談談你的婚姻情況－－如果你不介意的話。

나는 네가 너의 혼인상황에 대해 말해 주었으면 해. 네가 괜찮다면 말이야.

今天好熱啊！——你什麽時候去上海？

오늘 매우 덥네! 당신은 언제 상해로 갑니까?

先秦史傳文學的敍事研究——以《左傳》敍事技巧爲中心

선진 사전문학의 서사 연구 -『좌전』의 서사기교를 중심으로

⑪ 말줄임표 : 省略號 [shěnglüèhào] ……

말줄임표는 문장에서 말을 생략하거나, 인용문이 길어져 전부 쓸 수 없을 경우 일부분을 생략하기 위하여 사용한다.

"我……對不起……大家，我……沒有……完成……任務。"

"난……미안해……모두에게, 난……못 했어……완성하지……임무를."

這個國營工場現在可以生産電視機、洗衣機、冰箱、空調……上百種家電産品。

이 국영공장은 현재 텔레비전, 세탁기, 냉장고, 에어컨 등등 백여 종이 넘는 가전제품을 생산할 수 있다.

“你說得很有道理，不過……” 他呑呑吐吐地說。

“네 말은 아주 일리가 있어, 하지만……” 그는 우물쭈물하며 말했다.

⑫ 강조점 : 着重號 [zhuózhònghào] .

강조점은 문장에서 특별히 강조해야 할 부분의 구나 어휘의 글자 밑 부분에 점으로 표시한다.

語法上劃分詞類的標準是詞的語法功能，而不是詞的意義。

문법상 품사를 분류하는 기준은 단어의 문법기능이지 단어의 의미가 아니다.

對外漢語教師應該會說標準的普通話。

대외중국어 교사는 표준적인 중국어(표준어)를 말할 줄 알아야한다.

⑬ 붙임표 : 連接號 [liánjiēhào] –

붙임표는 서로 관련이 있는 시간, 장소, 숫자 등의 시작과 끝을 표시할 때 그 사이에 쓰거나, 서로 관련이 있는 사람이나 사물을 연결할 때 사용한다.

抗日戰爭時期 (1937–1945年)

항일전쟁시기(1937-1945년)

魯迅 (1881–1936) 原名周樹人，字豫才，浙江紹興人。

노신(1881-1936)의 본명은 주수인이고, 자는 예재이며, 절강성 소흥사람이다.

"北京－上海"直達快車

'북경-상해' 직통급행열차

亞洲－太平洋地區

아시아-태평양지구

今晚中國職業足球賽：北京國安隊－上海申花隊

오늘 저녁 중국프로축구경기：'북경국안'팀 대 '상해신화'팀

⑭ 가운뎃점：間隔號 [jiàngéhào] ·

가운뎃점은 월과 날짜 사이, 음역된 외국인의 이름과 성씨 사이, 책의 제목과 편명 사이에 쓴다.

"五·四"啓蒙運動 5·4 계몽운동

烈奧納多·達·芬奇 레오나르도 다 빈치(Leonardo da Vinci)

《三國志·蜀志·諸葛亮傳》『삼국지·촉지·제갈량전』

⑮ 서명부호：書名號 [shūmínghào]《 》〈 〉

서명부호는 책, 신문, 잡지, 영화, 희곡, 시나리오, 논문, 문서 등의 제목을 나타내는데 쓴다. 이러한 문헌 속에 다시 서명을 인용하거나 그 속에 있는 편명을 나타낼 때는 '《 》'를 먼저 쓰고 '〈 〉'를 다시 쓴다.

《狂人日記》『광인일기』

《中華人民共和國憲法》『중화인민공화국헌법』

《亂世佳人》(電影)『바람과 함께 사라지다』(영화)

《紅旗》(雜誌)『홍기』(잡지)

《中國語文》(學術期刊)『중국어문』(학술간행물)

《文心雕龍》〈原道(篇)〉『문심조룡』「원도(편)」

中國古典小說《紅樓夢》的作者是曹雪芹。

중국고전소설『홍루몽』의 작자는 조설근이다.

指導教授的文章在《光明日報》上發表了。

지도교수의 문장은『광명일보』에 발표되었다.

2. 한중 문법용어(文法用語) 대조표

분류	한국어 문법용어	중국어 문법용어
형태소	형태소	語素/詞素
	단음절 형태소	單音節語素
	복음절 형태소	複音節語素
	자립 형태소	自由語素
	비자립/의존 형태소	不自由語素
	실질 형태소	實(語)素
	형식/문법 형태소	虛(語)素
단어	어근	詞根
	접사	詞綴
	접두사	前綴
	접요사	中綴
	접미사	後綴
	단어	詞
	단순어	單純詞
	단음절어	單音節詞
	쌍음절어	雙音節詞
	복음절어	複音節詞
	다음절어	多音節詞
단어(합성어)	복합어/합성어	合成詞
	연합식 합성어	聯合/竝列式合成詞
	수식식 합성어	偏正式合成詞
	술목식 합성어	述賓/支配式合成詞
	술보식 합성어	述補式合成詞
	주술식 합성어	主謂式合成詞
	중첩식 합성어	重疊式合成詞
	파생식 합성어	附加式合成詞

분류	한국어 문법용어	중국어 문법용어
	품사	詞類
	실사	實詞
	허사	虛詞
	체언	體詞
	용언	用詞
	*명사	*名詞
	고유명사	專有名詞
	방위사	方位詞
	*대(체)사	*代詞
	인칭대사	人稱代詞
	지시대사	指示代詞
	의문대사	疑問代詞
단어	*수사	*數詞
(품사)	*양사	*量詞
*기본품사	*동사	*動詞
	*형용사	*形容詞
	구별사	區別詞
	조동사	能願動詞
	*부사	*副詞
	*전치사	*介詞
	*조사	*助詞
	구조조사	結構助詞
	동태조사	動態助詞
	어기조사	語氣助詞
	*접속사	*連詞
	*감탄사	*歎詞
	의성사	擬聲詞/象聲詞

분류	한국어 문법용어	중국어 문법용어
구	구	短語/詞組
	명사구	名詞短語
	동사구	動詞短語
	형용사구	形容詞短語
	부사구	副詞短語
	전치사구	介詞/介賓短語
	수량구	表示數量的短語
	방위사구	表示方位的短語
	장소구	表示處所的短語
	고정구	固定語/熟語性短語
문장성분	문장성분	句子成分
	주어(부)	主語
	술어(부)	謂語/述語
	목적어	賓語
	보어	補語
	관형어	定語
	부사어	狀語
	특수성분	特殊成分
	독립성분	獨立成分
	관련성분	關聯成分
문장	단문	單句
	복문	複句
	축약문	緊縮句
	진술문/서술문	陳述句
	의문문	疑問句
	명령문	祈使句
	감탄문	感歎句

분류	한국어 문법용어	중국어 문법용어
문장	명사술어문	名詞謂語句
	동사술어문	動詞謂語句
	형용사술어문	形容詞謂語句
	주술술어문	主謂謂語句
	특수문형	特殊句
	'是'자문	"是"字句
	'有'자문	"有"字句
	'把'자문	"把"字句
	'被'자문/피동문	"被"字句/被動句
	연동문	連動句
	겸어문	兼語句
	존현문	存現句
	절	分句/小句
	시비의문문	是非問句
	지정의문문	特指問句
	정반의문문	正反問句
	선택의문문	選擇問句
구조 (방식)	연합/병렬구조	聯合/竝列結構
	수식구조	偏正結構
	술목구조	述賓/支配結構
	술보구조	述補結構
	주술구조	主謂結構
	전치사구구조	介賓結構
	수량구조	數量結構
	중첩구조	重疊結構
	연동구조	連動結構
	겸어구조	兼語結構

분류	한국어 문법용어	중국어 문법용어
기타	병렬관계	竝列關係
	선택관계	選擇關係
	연접관계	承接關係
	역접관계	逆反關係
	점층관계	遞進關係
	인과관계	因果關係
	가정관계	假設關係
	조건관계	條件關係
	전환관계	轉折關係
	양보관계	讓步關係
	목적관계	目的關係
	문장분석	句子分析
	층차분석	層次分析

3. 한중 언어차이(言語差異) 대조표

	한국어	중국어
어족	한국어는 20세기 후반까지 우랄-알타이어족 계통설이 지지를 받았고, 우랄-알타이어족이 우랄어족과 알타이어족으로 나뉘게 된 뒤에는 알타이어족 계통설이 가장 가능성이 큰 것으로 여겨지지만, 이 학설을 반박하는 국내학자들도 많다.	중국어는 언어발생학적으로 보면, 중국-티베트어족(漢藏語族 : 동아시아와 동남아시아 일대의 국가와 지역에서 사용하는 언어)에서 독립된 언어군(言語群, branch)이다.
언어 명칭	한국 : **국어**(國語)/**한국어**(韓國語) 북한 : 조선어(朝鮮語)	중국 : **한어**(漢語) 대만 : **화어**(華語), 중국화(中國話)
사용 문자	한국에서는 한글로 글을 쓰며, 일부 한자어(漢字語)는 한자로 표기(국한문 혼용)하기도 하지만 한자는 갈수록 쓰이지 않는 추세이다. 한자가 표의문자(表意文字)인 반면에, 한글은 **음운문자**(音韻文字)에 속한다. 한글은 발음기관을 본떠서 만든 점(點)과 가획(加劃)을 통해 소리를 자형(字形)과 관련시키고 있는 점 등 매우 독특한 특성들을 가지고 있다.	1956년 중국 정부가 제정해 1964년 공포한 「간화자총표(簡化字總表」에 의거하여 현재 **중국**에서는 **간화자**(簡化字)/**간체자**(簡體字)를 쓰고 있다. 고대 중국에서부터 만들어져 변화 발전을 거듭하며 정형화된 한자 **정자체**(正字體)**를 번체자**(繁體字)라고 하는데, 현재 **대만**(臺灣)에서는 간체자를 쓰지 않고 번체자를 쓰고 있다.
표준어 명칭	**표준어**(標準語)	중국 : **보통화**(普通話) 대만 : **국어**(國語)
표준어 제정	**'한국어 표준어'**는 **'우리나라에서 교양 있는 사람들이 두루 쓰는 현대 서울말로 정함'**을 원칙으로 한다.	1955년 중국 정부는 **현대 북경어 발음**(北京語音)**을 표준음으로 삼고, 북방방언**(北方官話)**의 어휘를 기초 어휘로 하며, 모범적인 현대백화문**(現代白話文)**으로 쓴 저작을 그 문법적 규범**으로 하는 세 가지 원칙에 따라 **'보통화**(普通話)**'**라는 법정 표준어를 제정하였다.

	한국어	중국어
주요 방언	한국어의 방언은 **경기말, 강원말**(강원 영동방언), **충청말, 전라말, 경상말, 제주말, 평안말, 함경말, 중국조선말, 재일어**(在日語) 등으로 나눈다. 서울말과 충청말을 합쳐서 '중부말'이라고도 한다. 제주도에서 쓰는 '제주말'을 제외하고는 모든 방언이 서로 의사소통이 가능하다.	**중국어 7대 방언구역**(方言群) **:** **북방**(北方)**방언 :** 화북, 화중, 서남 지역 (관화 : 화북/북방, 서북, 서남, 강회/하강) **오**(吳)**방언 :** 강소성, 절강성 지역 **상**(湘)**방언 :** 호남성 지역 **감**(贛)**방언 :** 강서성 지역 **객가**(客家)**방언 :** 광동성 매현 지역 **민**(閩)**방언 :** 복건성, 대만성 지역 **월**(粵)**방언 :** 광동성, 홍콩, 마카오 지역
구조 특성	한국어는 **교착어**(膠着語)이다. 교착어는 첨가어(添加語), 부착어(附着語), 점착어(粘着語), 접속어(接續語)라고도 하는데, 언어를 형태론적 특징에서 볼 때 실질적인 의미를 가진 단어 또는 어간(語幹)에 문법적인 기능을 가진 요소가 차례로 결합함으로써 문장에서의 문법적인 역할이나 관계의 차이를 나타내는 언어이다. 한국어 외에도 터키어, 일본어, 핀란드어 등이 이에 속한다.	중국어는 **고립어**(孤立語)**이다**. 고립어란 언어를 형태론적 특징에서 볼 때 어형 변화나 접사(接詞) 따위가 없고, 그 실현 위치에 의하여 단어가 문장에서 가지는 여러 가지 관계가 결정되는 언어이다. 중국어 외에도 타이어, 베트남어 등이 이에 속한다.
음운 특성	1. 한국어에서는 [l]과 [r]에 대한 발음('ㄹ'발음) 의식이 불분명하다. 2. 한국어에는 두음변화, 모음변화, 자음접변, 동화(同化), 이화(異化) 등의 여러 음운 변화현상이 상대적으로 많이 일어난다. 3. 한국어에는 음의 장단(長短)은 있지만, 음의 높낮이를 표시하는 성조(聲調)가 없다.	1. 중국어에서는 [l]과 [r]에 대한 발음 의식이 분명하다. 2. 중국어는 거의 모든 음절이 고유의 의미를 가지는 단음절적 언어이기 때문에 이런 음운 변화가 빈번히 일어나지 않는다. 3. 중국어에는 모든 음절에 고유의 성조(聲調)가 있는데, 성조를 통해 음절의 의미를 구분할 수 있다. 현대중국어에는 제1성(陰平), 제2성(陽平), 제3성(上聲), 제4성(去聲)의 네 가지 성조(四聲)가 있다.

	한국어	중국어
어휘 특징	1. 한국어의 어휘는 크게 고유어(순우리말), 한자어, 외래어로 분류한다. 고유어는 한국어의 기층을 형성하는 고유의 어휘로, 보통 한자어와 외래어를 제외한 어휘그룹을 가리키는데, 사용빈도가 높은 일상어가 대부분 고유어에 속한다. 2. 한자어는 고대중국어에서 유래된 어휘그룹으로 중국과의 교류에 의해 지속적으로 한국어에 침투하면서 현재 한국어 어휘 중에서 수적으로 가장 높은 비율을 차지한다.	1. 중국어의 형태소(語素/詞素)는 대부분 일음절(一音節/單音節)이다. 2. 중국어에는 이음절(二音節/雙音節)로 된 단어(詞)가 많다. 3. 단어의 구성방식이 다양하며, 주로 복합/합성방식으로 이루어진 복합어/합성어(合成詞)가 많다.
문법 특징	한국어는 의존형태소이면서 문법적인 기능을 담당하는 어미가 극도로 발달되어 어미에 따라 시제나 문장의 종류가 달라진다.	중국어에서 동사는 인칭, 수, 시제에 따른 형태변화가 없으며, 일반 동사는 단수, 복수의 변화가 없다. 인칭대사의 격변화도 없다.
기본 품사	형태론적으로는 **9품사(명사, 대명사, 수사, 동사, 형용사, 관형사, 부사, 조사, 감탄사)**로 나눌 수 있다. 명사는 사물의 이름을 나타내고, 대명사는 대상을 가리키고, 수사는 수량이나 순서를 가리키는 품사이다. 동사는 사물의 움직임을 과정적으로 표시하고, 형용사는 사물의 성질이나 상태를 표시하는 품사이다. 관형사는 체언(명사, 대명사)이 뜻을 분명하게 제한하는 품사이다. 부사는 앞에 놓여 있는 말의 뜻을 분명히 제시하는 품사이다. 조사는 명사나 대명사, 수사 등의 뒤에 붙어서 그 말과 다른 말과의 문법적 관계를 나타내거나 뜻을 더하여 주는 품사이다. 감탄사는 자신의 느낌이나 의지를 직접적으로 표시하는 품사이다.	중국어의 품사는 기본적으로 **11품사**로 나눌 수 있다. 11품사는 **명사**(名詞), **대사**(代詞 : **대체사**), **수사**(數詞), **양사**(量詞 : **단위성 의존명사**), **동사**(動詞), **형용사**(形容詞), **부사**(副詞), **개사**(介詞 : **전치사**), **연사**(連詞 : **접속사**), **조사**(助詞), **탄사**(歎詞 : **감탄사**)이다. 이 중에서 명사, 대사, 수사, 양사, 동사, 형용사는 단독으로 문장의 구성 요소가 될 수 있는 실사(實詞)이며, 개사, 연사, 조사, 탄사는 실사와 함께 쓰여야만 문장에서 자신의 어법적 기능을 할 수 있는 허사(虛詞)이다. 부사는 실사와 허사 두 가지 성질을 다 갖고 있다.

	한국어	중국어
기본 어순	한국어의 기본 어순은 일반적으로 **주어 + 목적어 + 서술어** 구조의 순으로 되어 있다. *예문: 내 동생은 아이스커피를 먹는다. 내 동생은 : 주어 아이스커피를 : 목적어 먹는다 : (동사)술어 한국어는 부사가 동사에 앞서며, 관계절, 소유격, 관형사, 지시어가 명사에 앞선다. 또한, 본동사가 조동사에 앞서고, 명사가 조사에 앞서는 전형적인 **'S + O + V언어'**이다. 그러나 한국어는 격조사가 다양하게 발달되어 있어 어순에 비교적 융통성이 있다. 명사구의 문법적인 역할은 격조사에 의해 표시되기 때문에 주어와 목적어의 상대적 위치가 바뀌더라도 격의 기능은 어순보다는 격조사에 따라 결정된다.	중국어의 기본 어순은 일반적으로 **주어 + 동사 + 목적어** 구조의 순으로 되어 있다. (절대적인 어순은 아님) *예문: 我弟弟喝冰咖啡。 我弟弟 : 주어 喝 : 동사 冰咖啡 : 목적어 중국어에서는 어순에 의하여 문법 의미를 표현하기 때문에 어순이 강조된다. 중국어의 일반적인 기본 어순을 보다 상세하게 나타내면 다음과 같다. **(부사어) + (관형어) + 주어 + (부사어) + 술어 + (보어) + (관형어) + 목적어** 문장에서 이러한 문장성분의 위치 분포는 비교적 고정적이다. 따라서 중국어에서는 일정한 낱말로 일정한 의미를 나타내려면 일정한 어순으로 표현해야한다.

4. 한중 역사기년(歷史紀年) 및 왕조(王朝) 대조표

<table>
<tr><th colspan="3">중국 역대왕조(국가) *首都</th><th>한국 역대왕조(국가)</th></tr>
<tr><td>B.C.21~17C</td><td colspan="2">夏 Xià</td><td rowspan="6">[古朝鮮]
檀君朝鮮
(B.C.2333年建國)
箕子朝鮮
(B.C.206~B.C.165)
衛滿朝鮮
(B.C.194~B.C.110)</td></tr>
<tr><td>B.C.17C~B.C.1122</td><td colspan="2">商/殷 Shāng/Yīn</td></tr>
<tr><td rowspan="3">B.C.11C~B.C.771
周 Zhōu</td><td colspan="2">西周 Xī Zhōu</td></tr>
<tr><td rowspan="2">東周
Dōng Zhōu</td><td>春秋
ChūnQiū</td></tr>
<tr><td>戰國
ZhànGuó</td></tr>
<tr><td>B.C.221~B.C.206</td><td colspan="2">秦 Qín *咸陽</td></tr>
<tr><td rowspan="2">B.C.206~A.D.25~220
漢 Hàn</td><td colspan="2">西漢(前漢) Xī Hàn *長安(西安)</td><td>漢郡縣設置
(B.C.108~B.C.58)</td></tr>
<tr><td colspan="2">東漢(後漢) Dōng Hàn *洛邑(洛陽)</td><td rowspan="17">[三國時代]
新羅
(B.C.57~935)
高句麗
(B.C.37~668)
百濟
(B.C.18~660)

[統一新羅]
(676~935)
渤海
(698~926)</td></tr>
<tr><td rowspan="3">20~289
三國 Sān Guó</td><td colspan="2">魏 Wèi</td></tr>
<tr><td colspan="2">蜀漢 Shǔ Hàn</td></tr>
<tr><td colspan="2">吳 Wú</td></tr>
<tr><td rowspan="2">265~317~420
晉 Jìn</td><td colspan="2">西晉 Xī Jìn *洛邑(洛陽)</td></tr>
<tr><td colspan="2">東晉 Dōng Jìn *建業(南京)</td></tr>
<tr><td rowspan="9">420~589
南北朝
Nán Běi Cháo</td><td rowspan="4">南朝
Nán
Cháo</td><td>宋 Sòng</td></tr>
<tr><td>齊 Qí</td></tr>
<tr><td>梁 Liáng</td></tr>
<tr><td>陳 Chén</td></tr>
<tr><td rowspan="5">北朝
Běi
Cháo</td><td>北魏 Běi Wèi</td></tr>
<tr><td>東魏 Dōng Wèi</td></tr>
<tr><td>北齊 Běi Qí</td></tr>
<tr><td>西魏 Xī Wèi</td></tr>
<tr><td>北周 Běi Zhōu</td></tr>
<tr><td>581~618</td><td colspan="2">隋 Suí *長安(西安)→洛邑(洛陽)</td></tr>
<tr><td>618~907</td><td colspan="2">唐 Táng *長安(西安)</td></tr>
</table>

<table>
<tr><td rowspan="5">907~960
五代 Wǔ Dài</td><td>後梁 Hòu Liáng</td><td rowspan="5">後百濟
(900~936)
後高句麗
(901~936)</td></tr>
<tr><td>後唐 Hòu Táng</td></tr>
<tr><td>後晉 Hòu Jìn</td></tr>
<tr><td>後漢 Hòu Hàn</td></tr>
<tr><td>後周 Hòu Zhōu</td></tr>
<tr><td rowspan="2">960~1127~1279
宋 Sòng</td><td>北宋 Běi Sòng
*開封</td><td rowspan="5">[高麗]
(918~1392)</td></tr>
<tr><td>南宋 Nán Sòng
*臨安(杭州)</td></tr>
<tr><td colspan="2">916~1125 遼 Liáo *燕京(北京)</td></tr>
<tr><td colspan="2">1115~1234 金 Jīn *燕京(北京)</td></tr>
<tr><td colspan="2">1206~1368 元 Yuán *大都(北京)</td></tr>
<tr><td colspan="2">1368~1644 明 Míng *金陵(南京)→北京</td><td rowspan="2">[朝鮮]
(1392~1910)
大韓帝國
(1897~1910)</td></tr>
<tr><td colspan="2">1644~1911 清 Qīng *北京</td></tr>
<tr><td colspan="2">1912~1949~(臺灣)
中華民國 (*臺北)
Zhōnghuá Mínguó</td><td rowspan="2">[大韓民國]
(1948~)</td></tr>
<tr><td colspan="2">1949~(中國)
中華人民共和國 *北京
Zhōnghuá Rénmín Gònghéguó</td></tr>
</table>

5. 중국 고전문학(古典文學) 각 갈래의 성립과 전개

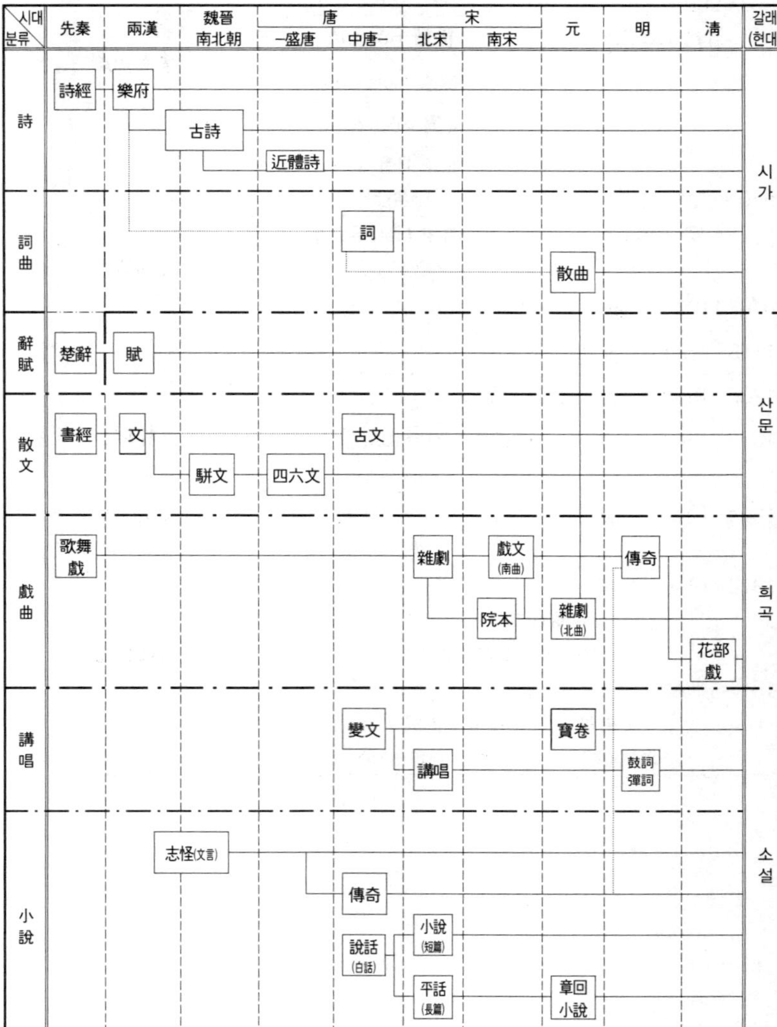

6. 중국 소수민족(少數民族) 명칭 및 분포지역 일람표

민족명칭	한어병음	주요 분포지역
阿昌族	Āchāngzú	雲南省
白 族	Báizú	雲南省
保安族	Bǎo'ānzú	甘肅省
崩龍族	Bēnglóngzú	雲南省
布朗族	Bùlǎngzú	雲南省
布依族	Bùyīzú	貴州省
朝鮮族	Cháoxiānzú	吉林省 黑龍江省 遼寧省
達斡爾族	Dáwò'ěrzú	內蒙古自治區 黑龍江省 新疆維吾爾自治區
傣 族	Dǎizú	雲南省
東鄉族	Dōngxiāngzú	黑龍江省 內蒙古自治區
侗 族	Dòngzú	貴州省 湖南省 廣西壯族自治區
獨龍族	Dúlóngzú	雲南省
俄羅斯族	Éluósīzú	新疆維吾爾自治區
鄂倫春族	Èlúnchūnzú	內蒙古自治區 黑龍江省
鄂溫克族	Èwēnkèzú	內蒙古自治區 黑龍江省
高山族	Gāoshānzú	臺灣省
仡佬族	Gēlǎozú	貴州省
哈尼族	Hānízú	雲南省
哈薩克族	Hāsākèzú	新疆維吾爾自治區 甘肅省 青海省
赫哲族	Hèzhézú	黑龍江省
回 族	Huízú	寧夏回族自治區 甘肅 河南 河北 青海 山東省 雲南 安徽 遼寧 新疆維吾爾自治區 北京 天津
基諾族	Jīnuòzú	雲南省
京 族	Jīngzú	廣西壯族自治區
景頗族	Jǐngpōzú	雲南省
柯爾克孜族	Kē'érkèzīzú	新疆維吾爾自治區
拉祜族	Lāhùzú	雲南省
黎 族	Lízú	廣東省

傈僳族	Lìsùzú	雲南省
珞巴族	Luòbāzú	西藏自治區
滿 族	Mǎnzú	遼寧省 黑龍江省 吉林省 河北省 北京市 內蒙古自治區
毛南/毛難族	Máonánzú	廣西壯族自治區
門巴族	Ménbāzú	西藏自治區
蒙古族	Měnggǔzú	內蒙古自治區 遼寧省 甘肅省 青海省 新疆維吾爾自治區 黑龍江省 河北省 河南省
苗 族	Miáozú	廣西壯族自治區 貴州 湖南 雲南 四川 廣東省
仫佬族	Mùlǎozú	廣西壯族自治區
納西族	Nàxīzú	雲南省
怒 族	Nùzú	雲南省
普米族	Pǔmǐzú	雲南省
羌 族	Qiāngzú	四川省
撒拉族	Sālāzú	青海省 甘肅省
畲 族	Shēzú	福建省 浙江省 江西省 廣東省
水 族	Shuǐzú	貴州省
塔吉克族	Tǎjíkèzú	新疆維吾爾自治區
塔塔爾族	Tǎtǎ'ěrzú	新疆維吾爾自治區
土 族	Tǔzú	青海省
土家族	Tǔjiāzú	湖南省 湖北省
佤 族	Wǎzú	雲南省
維吾爾族	Wéiwú'ěrzú	新疆維吾爾自治區
烏孜別克族	Wūzībiékèzú	新疆維吾爾自治區
錫伯族	Xībózú	新疆維吾爾自治區 遼寧省
瑤 族	Yáozú	廣西壯族自治區 湖南省 雲南省 廣東省 貴州省
彝 族	Yízú	雲南省 四川省 貴州省
裕固族	Yùgùzú	甘肅省
藏 族	Zàngzú	西藏自治區 青海省 四川省 甘肅省 雲南省
壯 族	Zhuàngzú	廣西壯族自治區 雲南省 廣東省

7. 중국 성(省) 자치구(自治區) 직할시(直轄市) 약칭표

명칭	약칭/별칭	정부소재지	면적(만㎢)	구역
北京市 (首都/直轄市)	京 Jīng	北京	1.68	
天津市 (直轄市)	津 Jīn	天津	1.10	
河北省	冀 Jì	石家莊	19.00	華北區
山西省	晉 Jìn	太原	15.00	
內蒙古自治區	內蒙古 Nèiměnggǔ	呼和浩特	110.00	
遼寧省	遼 Liáo	瀋陽	15.00	
吉林省	吉 Jí	長春	18.00	東北區
黑龍江省	黑 Hēi	哈爾濱	46.00	
上海市 (直轄市)	滬 Hù	上海	0.58	
江蘇省	蘇 Sū	南京	10.00	
浙江省	浙 Zhè	杭州	10.00	
安徽省	皖 Wǎn	合肥	13.00	華東區
福建省	閩 Mǐn	福州	12.00	
江西省	贛 Gàn	南昌	16.00	
山東省	魯 Lǔ	濟南	15.00	
河南省	豫 Yù	鄭州	16.00	華中區
湖北省	鄂 È	武漢	18.00	
湖南省	湘 Xiāng	長沙	21.00	
廣東省	粵 Yuè	廣州	22.00	中南區
海南省	瓊 Qióng	海口	3.22	
廣西壯族自治區	桂 Guì	南寧	23.00	
四川省	川 Chuān/蜀 Shǔ	成都	47.80	
重慶市 (直轄市)	渝 Yú	重慶	8.20	
貴州省	貴 Guì/黔 Qián	貴陽	17.00	西南區
雲南省	雲 Yún/滇 Diān	昆明	38.00	
西藏自治區	藏 Zàng	拉薩	120.00	

<table>
<tr><td>陝西省</td><td>陝 Shǎn/秦 Qín</td><td>西安</td><td>19.00</td><td rowspan="5">西北區</td></tr>
<tr><td>甘肅省</td><td>甘 Gān/隴 Lǒng</td><td>蘭州</td><td>39.00</td></tr>
<tr><td>青海省</td><td>青 Qīng</td><td>西寧</td><td>72.00</td></tr>
<tr><td>寧夏回族自治區</td><td>寧 Níng</td><td>銀川</td><td>6.60</td></tr>
<tr><td>新疆維吾爾自治區</td><td>新 Xīn</td><td>烏魯木齊</td><td>190.00</td></tr>
<tr><td>香港</td><td>港 Gǎng</td><td>香港島</td><td>0.10</td><td rowspan="2">行政
特別區</td></tr>
<tr><td>澳門</td><td>澳 Ào</td><td>澳門半島</td><td>0.016</td></tr>
<tr><td>臺灣省</td><td>臺 Tái</td><td>臺北</td><td>3.598</td><td>臺灣</td></tr>
</table>

송영정

서울대학교 인문대학 중어중문학과 졸업
서울대학교 대학원 중어중문학과 졸업(문학박사)
계명대학교 인문대학 중국어문학과 교수

저·역서
『음갱 시』(계명대학교출판부)
『포조 시선』(문이재)
『何遜 詩 譯註』(중문)
『張華·張協 시 역주』(중문)
『唐宋 近體詩 百首』(신아사)

제해성

계명대학교 인문대학 중어중문학과 졸업
북경사범대학교 대학원 중어중문학과 졸업(문학박사)
계명대학교 인문대학 중국어문학과 교수

저·역서
『사기정선(史記精選)』(계명대학교출판부)
『형상과 해학의 중국숙어 歇後語』(신아사)
『「圍城」으로 읽는 高級中國語讀解』(신아사)

중국어문학의 이해

1판 1쇄 발행 _ 2015년 8월 31일
1판 2쇄 발행 _ 2018년 8월 31일

저 자 • 송영정·제해성 공저
발행인 • 정 현 걸
발 행 • 신 아 사
인 쇄 • 대명프린팅
출판등록 • 1956년 1월 5일 (제9-52호)
주 소 • 서울특별시 은평구 통일로 59길 4 2F
전 화 • (02)382-6411 • 팩스 (02)382-6401
홈페이지 • www.shinasa.co.kr
E-MAIL • shinasa@daum.net

ISBN: 978-89-8396-914-9 (93820)

정가 *13,000*원